爆款短视频

7天打造你的百万粉丝

白雪/著

中华工商联合出版社

图书在版编目（CIP）数据

爆款短视频：7天打造你的百万粉丝 / 白雪著．—北京：中华工商联合出版社，2021.6
ISBN 978-7-5158-2674-5

Ⅰ．①爆…　Ⅱ．①白…　Ⅲ．①网络营销　Ⅳ．①F713.365.2

中国版本图书馆CIP数据核字（2021）第060038号

爆款短视频：7天打造你的百万粉丝

作　　者　白　雪
出 品 人　李　梁
责任编辑　吴建新　林　立
装帧设计　夏海波
责任审读　李　征
责任印制　迈致红
出版发行　中华工商联合出版社有限责任公司
印　　刷　河北雪迎世纪印刷有限公司
版　　次　2021年6月第1版
印　　次　2021年6月第1次印刷
开　　本　880毫米×1230毫米　1/32
字　　数　165千字
印　　张　8.25
书　　号　ISBN 978-7-5158-2674-5
定　　价　49.80元

服务热线：010-58301130-0（前台）
销售热线：010-58302977（网店部）
010-58302166（门店部）
010-58302837（馆配部、新媒体部）
010-58302813（团购部）
地址邮编：北京市西城区西环广场A座
19-20层，100044
http://www.chgslcbs.cn
投稿热线：010-58302907（总编室）
投稿邮箱：1621239583@qq.com

目录

前言

这个时代，
完成“人生升级”的时间用不了 5 年

5G时代的慢慢到来，让人们的整块时间愈发不可控，在阅读碎片化的时代里，新媒体已经成为纸媒后人们保持对新闻触觉的强阵地。随着移动端的改变，人们的生活方式和认知方式也在悄然发生着变化。

现在，人们可以用手机做什么呢？工作、社交、看新闻、看电影、扩学识、学手艺，以及点餐、购物。

这个时代，给了普通人太多的可能性。普通人成为艺人的标准和进入新媒体行业的标准在不断放宽，只要想发声，每个人都可以成为新媒体。这是最好的时代，它给了人们更多展示自我的机会，酒香再也不怕巷子深；这也是信息爆炸的时代，大众的注意力不断地被分散、稀释，想从中脱颖而出变得更加困难。

即便如此，还是有越来越多的人，通过新媒体领域完成了“人生升级”。他们用几年的时间，飞速地改变了自己的人生轨迹：接广告，接代言，接商演，做电商……流量变现后的他们，收入水平甚至远超于二三线明星艺人。作为“素人”的你，是否也在羡慕他们的成功?

从几年前大热的公众号，到各路明星都纷纷入驻、强烈“种草”的小红书；从搞怪对口型的“小咖秀”，到短视频平台，有越来越多的人，在这场互娱红利中名利双收。

如果是2015年，我会建议你申请一个微信公众号，坚持认真地写文章；如果是2017年，我会告诉你入驻小红书，像发朋友圈一样日常打卡。而如今，潮水纷纷退去，市场也变得更加成熟，大浪淘沙下，新媒体行业的入门门槛也逐渐抬高。操作规范化，内容系统化，思路体系化，成了新媒体运营的重中之重。

以前，人们习惯于通过报纸、杂志来获取信息。后来，传播介质更替，杂志、报纸上的内容通过手机呈现，新媒体长图文应运而生；紧接着，当人们觉得看文字也会使眼睛疲惫后，在线音频、图像分页开始流行；当图像表达效果不够强烈时，人们选择观看视频获取信息。如果你觉得观看视频需要花费很长时间，那么，短视频无疑是你的最佳选择。

我们可以明显地发现，地铁站中的广告不再是图文结合的海报，取而代之的是几分钟的短视频；网购中产品的详细介绍也被短视频代替。可以说，短视频逐渐渗透到了人们生活中的各个方面。

早在2015年，国内4G网络普及后，短视频就刮起了一阵旋风。而之后爆红的papi酱、“口红一哥”李佳琦、带货达人薇娅、“人间仙女”李子柒等网络红人，将短视频一步一步推向风口。

值得一提的是，虽然短视频被公认为是目前最具有发展前景的行业，但是深入该领域就可以发现，该行业更新速度极快，内部市场每天都暗潮涌动。“一招鲜，吃遍天”的时代已经过去，不断提高内容品质才是当下入场短视频的关键。纵观短视频行业的发展历程，我们有理由对短视频行业未来的发展趋势进行预测。

1.内容为王仍是核心

优质的内容将成为短视频未来发展最核心的竞争力，企业只有通过获得优质的内容才能在短视频行业中崭露头角，从而打动粉丝用户和市场。

可以预见的是，内容将成为未来很多栏目甚至是平台之间竞争的根源，特别是对很多基于UGC（User Generated Content，用户原创内容）和PGC（Professionally Generated Content，专业生产内容）形成的短视频平台而言，只有不断地产出优质的内容，才能在行业竞争中获得有利地位。

2020年疫情期间，在公众号阅读量全面持续下滑的情况下，我在仅有2800个粉丝的微信账号“北方有佳人白朵朵”上，发表了一篇名为《额温枪“黑市”24小时》的文章。该文章的全网阅读量超1700万次，有超180万人次转发，成为疫情期间第一篇爆款刷屏文章。借此，我的公众号涨粉10余万，通过纯内容再次完成了账号的冷启动。

由此可见，不管是什么平台，好的内容才是具有竞争力的关键和核心。

2.直播更加普遍化

短视频未来的销售市场规模会不断地扩大，短视频营销在所有营销方式中将会逐渐成为主流，直播会更加普遍化。

相信以后会逐步形成这种局面：公众号，相当于传统的报纸；机场大屏，作为广而告之的信息发布方式；短视频，相当于标准化的营销方法，再也不会是“新颖”的推广模式，直播将会变得更加普遍化。

而“新媒体+电商”这套打法，将会成为大众习惯的购物方式，新媒体在营销市场中的作用，也会越来越重要，时代的变迁，营销方向的转变，新媒体时代由此全面开启。

3.入局人数会不断增加

随着内容创业的越来越火、传统营销模式的逐步衰退和新媒体行业的普遍流行，一定会有越来越多的企业、团队和个人投入这场激烈的竞争中。他们中的一些人，有的以赚钱的心态来经营，有的作为副业来关注，甚至还会有一些人，将新媒体作为他们自我表达的首选武器。新媒体入局者的增多，入局身份的转变，一定也会带来百花齐放式的内容多维度创新。我曾经做过制片人，以影视公司为例，疫情影响下的2020年，无疑给影视行业带来巨大的创伤：春节档电影集体垮掉，电影、电视剧市场整体形势严峻。传统的影视公司需要拓宽业务范围，从院线转向小屏幕，短视频无疑是一个很好的切入口。

而很多传统的长视频网站，也在尝试向视频短化、轻化的方向发展。短视频看剧、3分钟看完电影等，相信大家在各个平台都有看到。短视频看电影，已经成为当下短、平、快的观影方式。与此同时，很多厂家、批发商店、果农菜农也在线上做起了自己的“云端生意”，以获得更多的垂直客源和更为可观的出货量。

4.短视频IP化越发明显

顺应行业的发展打造鲜明的IP，也是短视频发展必不可少的环节。当你的短视频有了明显的个人风格，培养出强烈的用户信任后，你就有了自己独特的IP。IP是区别你和其他人的重要标签，在遍地开花的背景下，成为一朵“名花”才是保证有持续收益的前提。因此，IP化是扩大经营范围的必经之路。

从新媒体账号到品牌IP，大致会经过4个阶段：平台普通IP，平台头部IP，各平台流量IP，全网IP。

我们所熟知的李子柒、黎贝卡、李佳琦都是典型的“个人IP”，形成IP后的他们，经营的种类也更多样化，因为他们代表的意义逐渐从个人变成一个品类的标志。比如，主打原味农产品的李子柒已经有了自己的店铺，售卖各种肉干果铺。经营范围的扩大也意味着覆盖人员的扩大和收入的扩大。

回观历史，几千年来，信息传播的方式在不断地演变，从文字的一维传播（竹简到线装书、报纸），到读图时代的二维传播，再进化到以电视、电影为主的三维传播。这个进化路径在新媒体领域也是一致的，只是进程更加快速，被压缩到短短几年，其内容表现形式从文字到图文再到视频，谁顺应了大势，谁就能享受更多的红利。

本书共有 10 个章节。第 1 章主要是从社交媒体的更替来回顾整个新媒体的产生和发展，介绍KOL（Key Opinion Leader，关键意见领袖）、MCN（Multi Channel Network，多频道网络）和平台之间环环相扣的关系，从关键环节的形成，系统化地介绍目前短视频的行业生态和盈利模式。

第 2–6 章则为短视频内容的创作和栏目的发展提供方法和技巧，从账号定位到内容选题，从封面、文案、音乐的选择，到拍摄环境、拍摄器材，详细地为对短视频行业感兴趣的企业和个人提供可直接复制使用的具体技巧。

第 7–8 章则是引导企业和个人在已有内容的基础上进行账号数据的综合提高，明确关键指标数据，提升营销方式，使好的内容坐上加速器，完成优质内容的提升、放大。

第 9 章着重介绍短视频发展最重要的环节——变现，短视频不是做公益，保持平稳的生命线才是营收的根本。有观点、有方法、有操作细节与注意事项，希望可以帮助从业者快速平稳变现。

第 10 章介绍了当下最火的直播玩法。直播电商究竟是一时的风口，还是一个持续的模式？直播电商的前世今生是怎么样的？直播真的能赚钱吗？现在布局做电商来得及吗？该从哪儿入手呢？面对各种困惑，本书将带你高视角、全方位解读直播电商的生态江湖。

虽然短视频行业火爆，直播风潮正兴。但关于这方面简单易懂、可实操落地的相关书籍并不多，希望这本书的出版能为想要涉足短视频领域、想要直播带货，或者已经踏入该领域但仍不知所措的新媒体人，提供一些实质性的启发和帮助。

只有真正了解规则，熟悉规则，才能在这场激烈的竞争中存活下来，而只有在大浪淘沙中留下来的人，才可能是这场浩大红利中真正的赢家。

在本书中，我将从不同角度讲述每个环节的关键点，把这些年来自己总结下来的经验，还有一次次实践中获得的收获，分享给大家，帮助大家及时反省，也帮助更多的新媒体从业者完成行业的升级。希望大家和我一样，快速打造出15秒经济下，属于自己的超级IP。

同时，我想和大家一起勉励，新媒体行业确实早已经成了一片红海，但是在我看来，短视频这个领域，至少还可以再发展5年。

最后，我还要特别感谢吕日阳和汪海涬。

感谢这两位多年的老朋友为这本书贡献了大量内容，如果只凭我一个人的力量，是无法高质量地将这本书创作完成的。在创作书中有关实战部分的内容时，我也请教了他们很多问题。最初，本来想我们三人一起出书，后来由于时间、精力、表达能力等种种原因，确定为我自己独立出版。

但吃水不忘挖井人，感谢两位行业“老炮儿”给我提供的珍贵建议和有益经验。

白雪

导言

短视频运营的 10 大误区

1. 不清楚平台的规则，不做规划

无论什么平台，都有它自身的规则。很多新手在操作之前根本就没有了解过平台的规则，直接开始操作，导致的结果只能是限流、重置、删视频，更严重的甚至是封号。

对于运营者来说，一定要先做好规划，比如你要更新什么内容的视频、打算制作什么类型的视频、最后怎么变现，这样才能知道你在做什么、要怎么做，千万不可盲目为之。

2. 不养号，不活跃，刷粉丝

常常会有人问我，“为什么我的账号没有推荐量，播放量那么少，都做了那么久了粉丝数量怎么还上不去”？原因就是你没有把号“养”起来，急于求成或听别人说的去刷数据，那么结果只有一个：钱花了不少，号却被封了。

3. 移花接木，照搬发布

有很多人自作聪明，很会“移花接木”。具体的做法就是，看到某个平台上的一条视频很火，于是把它下载下来上传到另一个视频平台，以为这样就能火起来，自己千方百计捣鼓之后，才发现只是白费心机。

因为现在大多数短视频平台，后台都有去重机制，机器会自动判断你的视频重复率，达到一定的比例就会视为重复，就不会推荐。

例如，某短视频平台的审核方式是“人工审核+机器审核”。你的作品发布后，先会由官方的机器审核，审核作品是否为“搬运”，如果被识别出是，那么被推荐的可能性会降低很多。

4. 多拍多发，赌概率，碰运气

很多人认为，短视频只要多拍多发就可以，按照概率计算，总有一个视频能火。然后就开始每周拍，每周发；每天拍，每天发。兢兢业业拍了很多，也发了很多，结果发现自己的账号毫无起色。

我们一定不要错误地认为，只要多拍多发就可以火。我们需要强化的是人设标签，绝对不是依靠数量来弥补战略上的错误，总发布无价值视频还会影响你的账号评级，被系统默认为“垃圾”账号。

5. 一心上热门，为上热门而发

有些人什么火了就去模仿什么，今天模仿“嘴巴嘟嘟”的短视频，明天模仿网上搞怪的段子，后天做凉皮，大后天做蛋糕。

他们总想着发布一个作品就上热门推荐，不去考虑内容本身会不会有包袱，会不会达到完播率，能不能达到转发量、点赞量、评论量，一味盲目模仿，盲目跟风。

频繁更换内容方向会导致用户不清楚你到底在做哪个领域，没有关注你的理由。用户不关注你，你的粉丝数量自然就上不去，慢慢地，你的账号就会“死掉”。

6.过分以自我为中心，不站在用户角度

有些人过分以自我为中心，申请了一个账号，自己想发什么就发什么，也不关心大家喜不喜欢看，加了很多高规格的特效和很多自认为有趣的贴纸，花了很大力气，却依然没有播放量。

做短视频运营一定要有用户思维，站在用户的角度考虑，要了解发什么样的作品他们才愿意看。用户思维越清晰，粉丝越忠诚，转化率和关注率也越高。

7.爱发长视频

长视频，是新手不懂运营规则的一个坑。例如，某短视频平台的算法里很关键的一环就是完播率，而不是视频的长短。

8.不会脚本剪辑，花大价钱雇人买设备

很多人都会觉得做视频就需要高级的设备，因此花了很多钱去买它，结果设备买回来不会用，导致钱白

花，心理压力大。

其实，短视频重运营、轻设备，正常情况下，一台手机就完全可以了，包括后期剪辑，也完全能在手机上完成。

9.刷播放量，买粉丝，买赞和转评

很多人以为只要各种数据上去了，就可以上热门，可以增加很多粉丝，完成账号的初始积累。因此花了很多钱去刷粉丝，刷点赞，刷转发。结果，账号直接废掉了，完全没有播放量和点赞量了。

事实上，刷粉丝是没有任何意义或价值的。刷播放量基本是机器人操作，每个平台都有反作弊系统，会检测账号，轻则限流，重则直接封号，买播放量纯属骗自己开心。

10.不学习，凭感觉

很多时候，你的感觉只限于感觉，并没有实际的道理或依据，白白浪费了很多时间，在一次次失败中消耗了自己所有对短视频创业的热情和精力。没有专业知识支撑，上手入门会很麻烦。

如何正确、高效地玩转短视频？如何快速地完成账号的从 0 到 1 ？怎样打造属于自己的超级影响力？

往下看，这本书会详详细细地告诉你答案，简单，易懂，可复制，只要照做就可以。

15 秒经济，用 20 天，打造你的超级个人 IP。

第 1 章

社交媒体迭代，短视频的前世今生

短视频是一种时长在 1~3 分钟的视频传播内容。

想玩转短视频，我们首先需要知道，短视频是怎么来的？新媒体是怎么兴起的？传统刊物是怎么衰落的？短视频的前身是什么？

新媒体起源于图文，发展于高级图文和视频。随着社会的发展，人们对互联网的认知越来越深入，秉持于图文的新媒体正向短视频区域靠拢。随着移动终端的普及和网络的提速，短、平、快的大流量传播内容逐渐获得各大平台、粉丝和资本的青睐。

新媒体的产生：新媒体成为传媒主流之路

回顾当代经济下的红人市场：社交APP、MCN机构、红人赛道……你会惊讶地发觉，小到短视频，大到新媒体，早已日新月异。

一些我们原来以为很新颖的产业越来越标准化、模式化、区域固定化、内容多元化。有越来越多的人加入这场盛大的全民娱乐中，他们快速地打开市场，然后用更惊人的速度实现变现。

如果你还认为新媒体属于一门新兴职业，那我可以很负责任地告诉你，这门“新”职业，已经火热开盘了六七年，从最开始的公众号，到小红书、微博，再到各种短视频平台……甚至可以说，这门听起来很新鲜、看起来很新颖的生意，竟然已经经历了最热红利期。

VidCon（Video Conference），是美国的“超级红人节”。2019年7月，全世界各大网络红人、MCN机构、知名视频工作室、网络渠道发行商、媒体等产业链上下游共7.5万人齐聚洛杉矶。

类似的超级红人聚会，在中国也拉开了帷幕。2019年8月初，成都世纪城会议中心先后迎来了两场红人大

图 1-1　VidCon 美国“超级红人节”

会，其中一场是微博的“超级红人节”，它几乎成了全中国网络红人的聚会。大部分时间“活在网络”上的超级红人们集体露面，紧跟着带来的就是强大的粉丝流动和话题的深度捆绑。这场红人节，第一次让大家领略到了超级红人这门买卖在中国的广阔市场，让越来越多的人对这一行业逐渐“出圈”产生了认识，同时，也让更多人对其运营模式和变现模式产生了强烈的好奇。

图 1-2　2019 年中国成都微博“超级红人节”

红人经济，是目前社会上聊得很火的话题，大到各路顶级品牌找红人代言、参展，小到街边的一个烧烤摊，都可能成为见证一个红人诞生的现场平台。红人经济这门生意的产生绝对不是空穴来风，在运营营销层面，它产生的必然性也是有迹可循的。

在人们注意力越来越分散、营销越来越难做的今天，有流量的人，就有话语权。随着移动端的普及，上网资费越来越低，各种大王卡、无限流量卡相继推出，人们的生活越来越离不开网络和手机，同时另一种营销模式，悄然而生。

很多人一直搞不清楚新媒体究竟是什么时候火起来的，感觉一夜之间，“超级红人”这个词，就风靡了大江南北。归根结底，是传统媒体的没落给新媒体的发展创造了空间。让我们复盘一下新媒体的成长路径。

早在2012年—2013年，中国的传统媒体就进入了下滑期，而在2016年—2017年，中国的传统媒体更是陷入断崖式下滑的困境。

随着人们自我意识的提升，人们更愿意进行平等的对话，听更接地气的内容，用更平和的方式接受教育，并且在第一时间获得消息。信息的时效性和信息的直白化对新媒体的发展起到了决定性的作用。

相比于新媒体，无论是更冗长的审核流程，还是相比而言更严肃的语言表达方式，传统媒体都更多地倾向于向读者灌输，而非交流。新媒体的出现，为大家带来了更多的话语权，人人可发声，民众喜闻乐见，大家更喜欢听到不同层面和不同角度的表达。而消息的实时更新互动，则是实际刚需。相比于传统媒体的层层审核，层层把关，层层校对，新媒体的审核流程要更简单，更高效。当大家能第一时间在新媒体上以诸多角度全面地获取完消息资讯，再去花时间或钱去买报、订刊就不合适了。

从媒介而言，信息的全面分发导致了传统媒体话语权的稀释。而从经济效益来看，科技的发展影响了大家行为习惯的改变。大家更喜欢用手机在线上解决问题了，比如线上阅读，线上购物，线上订餐。

人们生活场景的改变直接导致了新媒体的崛起和传统媒体利润空间的缩减。广告客户意识到，在传统媒体上的广告投入效果不明显了，因为无法触达用户，人们的关注点在变化。

在智能手机还没有完全普及时，大家在车站等车，就通过“研究”马路边的广告牌子打发时间。而现在，且不说线上打车越来越方便了，就是在等车时，许多人也是拿出手机消磨时间。

由于人们注意力的转变，导致了品牌客户预算的改变，他们从线下传统媒体（纸媒、户外广告牌）撤出了大量的广告预算转投线上，这部分撤出的预算又为新媒体让出了利润空间。

简单，易行，接地气，有流量，并且能带来直接的经济效益，新媒体的发展自然高歌猛进。

从文字到视频：“超级红人”的成长变现之路

既然是媒体，就离不开三个要素：人、内容、平台。

图 1–3 新媒体三要素

首先来说人。在新媒体上活跃且有感召力的人，被统称为“超级红人”。

“超级红人”这个词，在BBS（Bulletin Board System，国内一般称作网络论坛）时代就已经出现了，它代表众人聚焦（拥有强大流量）及性格鲜明（垂直定位和强化特色）。

当然，新媒体时代的KOL（关键意见领袖）和人们统称的“超级红人”还是有些区别的。简单来说，普遍意义上的“超级红人”是指颜值高的小哥哥或小姐姐，而KOL是指有突出性格和专业能力的人，至于长得好不好看，不作为判定的主要因素。

可以肯定的是，“超级红人”和KOL的出现，存在着一种明确的进阶关系。从单纯看脸，到看本事、看手艺、看能力，它代表着行业逐渐走向规范化和体系化。

1.超级红人的出现，是分时代的

（1）超级红人1.0：文字时代

自中国有互联网以来，超级红人就伴随着中国的互联网一起高速发展。最早的一批超级红人是以痞子蔡、安妮宝贝、今何在为代表的文字写手，他们依靠在中国刚刚兴起的BBS、博客等门户网站上连载文章而红极一时。

台湾地区作家痞子蔡（原名蔡智恒）的《第一次的亲密接触》在当时风靡海峡两岸，被各大网站疯狂转载，是中国的第一部网络小说。2000年，痞子蔡来到大陆开办签售会，场面一度混乱。

1998年，还在读博士的蔡智恒正在为毕业论文烦恼，他为了调节心情，决定在BBS上写小说。那个晚上，他并不知道，自己无意的情感小说会引发后续的巨大回响，并以他为标志，开启了一个新的时代。那晚他写的故事叫作《第一次的亲密接触》。

小说讲述了一段唯美浪漫的网恋故事，男孩痞子蔡和女孩轻舞飞扬在网上认识，然后约定了时间见面。彼此情愫暗生之时，轻舞飞扬就因为红斑狼疮去世了。

PGC属于专家类作品，全称为Professional Generated Content，和UGC一样，也是互联网术语，指专业生产内容的人，比如影视公司、制作团队等。更简单直白的理解是，有经验的、有团队的、有大量作品的、明白关键数据指标意义的、知道观众喜欢看什么的人就属于PGC。或者可以说，正在阅读这本书的你，读这本书的目的就是想从UGC变成PGC。

OGC的全称为Occupationally Generated Content，指的是专职生产内容的人。这些人一般是具有专业知识和专业背景的行业人士，他们的工作就是生产内容，并领取相应报酬。

UGC、PGC和OGC三者之间的关系，用更简单易懂的话概述就是：

最开始的时候，大家都是UGC（普通路人选手，人人都拥有可以上传内容的资格和权利）。后来一部分人做着做着，发现了其中的乐趣，开始认真钻研，努力生产出更好、更优质、更被大众喜欢的内容，因此这部分

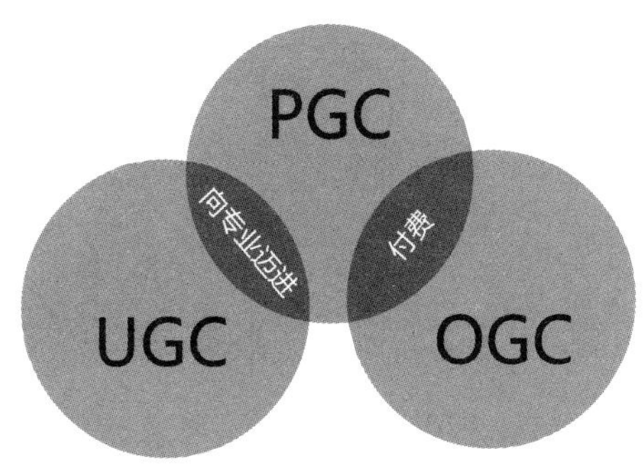

图 1-11　UGC、PGC、OGC三者关系示意图

人升级成了PGC（行内专家选手）。升级后的这部分人中，又有一部分人发现，原来内容也可以产生客观的收益。做了几年后，他们对内容的制作、生产更加得心应手，于是他们辞掉了工作，全职生产内容，成为OGC（以生产内容为职业）。

现在平台方的策略一般是签下职业选手为平台增加精品内容，并邀请大量PGC入驻，让他们给普通用户做示范，让普通用户明白做内容并不是那么难。同时，鼓励更多的UGC加入，提高软件活跃度。

2. KOL、MCN、平台环环相扣

随着“超级红人”这一边缘行业逐渐走进大家的视野，红人打造应运而生。

红人打造可以看成低配版的民间造星，分为制造、经营、变现及维持生命周期几个环节。每个环节，都有对应的关键参与者。

从2018年开始，短视频行业的竞争全面爆发，越来越多的短视频软件横空出世。比如以快手、抖音、微视为主的社交类；以西瓜、秒拍为主的资讯类；以淘宝主图视频、京东主图视频、大众点评视频为主的电商类；以陌陌、微信朋友圈为主的SNS类。由于软件定位千差万别，因此不同短视频软件的目标用户也就不一样。下图是当下市面上主流短视频软件的目标用户对比。

不同平台主攻方向不同，对内容的要求和审核机制也就不一样。因此，在做短视频之前，我们首先要清楚

表 1-1　各短视频平台的目标用户对比

名称	抖音	快手	微视	美拍	火山小视频	西瓜视频	秒拍
产品定位	媒体传播平台，强运营，重视爆款内容	首先是内容记录工具，其次才是传播	基于影像的动态社交语言	高颜值手机直播+超火爆原创视频	UGC的平民化视频创作平台	消遣时光的三四线城市市民及农村老百姓	短视频社交平台
Slogan	记录美好生活	记录世界，记录你	发现更有趣	在美拍，每天都有新收获	为您记录不容错过的精彩瞬间	给你新鲜好看	10秒拍大片
目标用户	制作爆款内容来获得关注，并成为KOL	二三线城市为主的年轻人，热爱分享，普通人	满足用户社交倾诉	希望拍摄的视频短小精悍，精致的用户	三四线城市用户为主	三四线城市用户为主	年轻人，热爱生活，普通大众

自己想把内容发布在哪个平台上，这个平台的规则和要求是什么，做到知己知彼。

如果说了解平台是为了知道我们所在战场的情况，那么了解UGC、PGC、OGC就是明确我们在战场上所扮演的角色，而清楚知道MCN的作用则是预先展望我们后续的发展轨迹和变现模式。只有清楚了这3项后，我们才能对整体局面做到心中有数。

MCN这个概念最早来源于美国的YouTube，它指的是一种多频道网络的产品形态，起源于国外成熟的超级红人经济运作。它的本质是将PGC（专家生产内容）联合起来，在资本的有力支持下，保障内容的持续输出，从而最终实现商业的稳定变现。

假如说超级红人是一台内容制造的机器，那么MCN机构就是拥有很多台机器的工厂，它好比艺人的经纪公司，有成型的包装方案和营销技巧，会批量化地对超级红人进行系统培养。

MCN的关键词是系统化。系统化地做一系列必备工作，集体抱团式地完成向上对接，主要分为以下4个方面：

- 系统化做内容，比如策划、人设、脚本、后期等；
- 系统化收割流量，比如对接平台、获得推荐位、大号带小号等；
- 系统化商业变现，比如接广告、做电商、开直播等；
- 系统化出圈，比如延伸成为艺人、拍MV、录综艺等。

简单来说，拥有一个大粉丝基数的社交账号，称为超级红人博主；拥有10个大粉丝基数的账号称为媒体矩阵；而拥有100个超级红人博主的公司，则称为MCN。

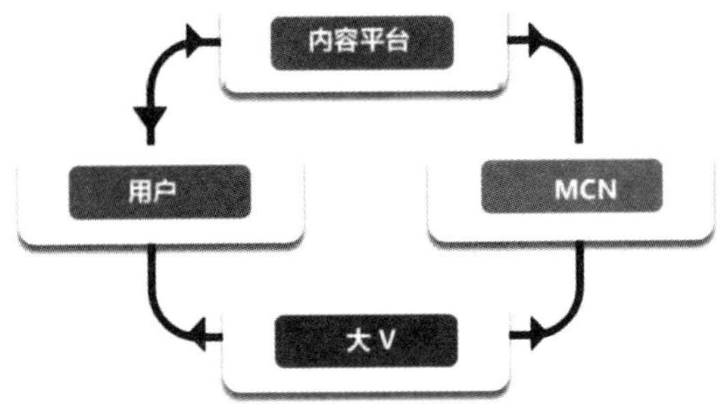

图1-12　红人转型做老板

现在市场上的MCN大都由两种“出身”构成：一是老牌机构的持续运营；二是“大红人”转型做工作室。老牌机构有贝壳视频、二更视频、蜂群文化、震惊文化等。红人转型成立的工作室对我们来讲较为熟悉，也更靠近我们，更容易复制其模式。

图1-13　个体红人到组织化结构的发展过程

红人转型做老板的案例层出不穷，比如papi酱在拿到天使投资后成立PAPITUBE机构，用以签约、孵化更多的视频作者；妍媸文化的深夜徐老师，由原来的情感作者，转攻时尚圈，后续孵化了深夜种草、深夜发媸等诸多IP；新片场也专门成立了短视频MCN品牌魔力盒，旗下包括了魔力TV、魔力美食等精品自制频道、自制剧，同时也在签约创作者和潜力超级红人。

5G时代到来后
再次爆发的短视频红利

新媒体的价值到底在哪儿？做新媒体真的赚钱吗？这是存在于所有人心中的疑问。

深圳量子云公司给大家交出了答卷。2018年5月8日，专注做微信公众号的深圳量子云公司被瀚叶股份以38亿元全资收购，消息一经传出，大家都十分震惊：公众号竟然值这么多钱！

此次，瀚叶股份共收购量子云公司旗下的涵盖情感、生活、时尚、亲子、文化、旅游等领域的981个微信公众号，粉丝积累近2.4亿人。假如这2.4亿的公众号粉丝是完全没有重合的，单个粉丝的价格就达到了15.85元的天价，而且负责运营这981个微信公众账号、2.4亿粉丝的总人数只有50人。50个人创造出了38亿的估值！除了新媒体行业，还有哪个领域能实现这个人均产出比？

不仅是粉丝高价值，网生IP的价值也远远超出大家的想象。超级红人IP“同道大叔”是一个专门讲解星座的虚拟卡通IP，从2014年火爆至今。后来，原作者蔡跃栋通过出售原创版权直接套现了1.78亿元。这波操作使某明星旗下的投资机构也顺利变现了600万元，大家都赚得盆满钵满。

这两波资本市场的价值认证，无异于给深耕于内容创作的创作者们打了一针强心剂。

这还仅仅是微信公众号的变现。当文字看够了的时候，大家的注意力往往会变得分散，因此需要更多的选择细分和更低的门槛进行对内容的获取。这时，图片逐渐取代文字，走入了人们的生活。例如，2018年条漫大火，用漫画形式展示内容成了贯彻2018年—2019年的主流，众多条漫公众号应运而生。

而随着流量资费的降低，上网已经不需要产生如以往一样高昂的费用，视频又冲击了图文，再次火爆。可视频时间太长、节奏太慢，人们没时间、没耐心看完，怎么办？短视频成了最受大家喜爱的传播方式。

用15秒~30秒的时间，看完一个不需要过脑的直白故事，成了人们娱乐消遣的最佳方式。2016年的统计数据表明，短视频用户人均单日使用时长最高达68分钟，人均单日启动次数最高也达到8.2次。从用户感受而言，轻松才是可持续性的娱乐。

图文看起来累，短视频则正好相反，轻松愉快且不需要思考。网络速度的提升给了观众更多获取信息的渠道，也让其娱乐形式发生了质的改变。

简单，轻松，不用担心流量，充分利用碎片时间，这也是现在短视频平台能牢牢占据免费榜下载第一的原因。

1. 5G给短视频行业带来的影响

每一次重大技术变革都是社会新陈代谢的结果，随着5G时代的到来，媒介的内容生产方式、传播方式、表达方式和接收方式都将随之发生改变。当网速越来越快，人们越来越忙，时间越来越紧，加上智能手机的进一步普及，短视频将再次升级成为移动互联网时代的现象级风口 。

根据《2019中国网络视听发展研究报告》显示，截至2018年12月，中国网络视频（含短视频）用户规模达7.25亿，占网民总数的87.5%。2018年整个视频内容行业的市场规模为1871.3亿元，作为视频产业的“生力军”，短视频市场增速最快，从2017年的55.3亿元增长到467.1亿元，同比增长744.7%。

5G的特点是大带宽、大连接、低时延，这些特点，都很符合短视频播放对网络的要求，因此在5G时代下，短视频很有可能是最先从5G获益的行业之一。

在此，我也大胆预测，未来短视频也将会与更多应用场景进行融合。比如在车联网、智能家居、移动医疗等领域，共同作用下很可能会催生出更多的表达样态。这些跨界表达，不仅能拓宽短视频行业的边界，也会促进短视频与其他产业发生更多的连接。

在行业多元化、生态稳定化的短视频风潮大热的当下，当红KOL和大热IP的产生则会踏上风火轮，迎来更猛烈的强劲增长。

2.市面上短视频行业红蓝海和突围账号类型

短视频发展至今，已经不再是单纯的内容创作。如果想入局短视频并且取得成绩，需要更深的需求挖掘和更准确的赛道选取。

拍短视频，一定切忌“拍脑门”式定位。不要看人家捕鱼，自己也去大海里捞鱼；不要看大家都在教化妆，自己也疯狂采购眼影盘。选择适合自己的、自己喜欢的，才是保持长期更新的原动力，而选取偏冷门的、竞争不那么大的细分领域，则是弯道超车的重要技巧之一。

随着行业、技能、爱好的细分，短视频也有了更多的垂直分类。如现在市面上有20个普遍分类：搞笑、美食、时尚、美妆，旅游、娱乐、生活、资讯、亲子、知识、游戏、汽车、财经、萌宠、运动、音乐、动漫、科技、健康、母婴。虽然分类众多，但是由于入局者的持续增加和大量内容的高频产出，同质化内容越来越多。

相信很多人都有类似的经历，每次打开短视频软件，总会看到繁多的内容和永远也刷不完的段子。但是观看后会发现好多作品内容极其相似，一个陈年老梗被翻来覆去地拍了很多次。

随着相似的内容越来越多，用户的要求也会越来越高。当大量同质化内容反复重叠交叉，红海领域的创作者难度越来越大，在诸多内容中想要杀出重围，将自己的账号打造成吸引粉丝能力极强的头部账号，不是一件容易的事。这让人不禁思考：这时候入局，到底从哪个角度切入会更简单？哪些领域是短视频竞争特别激烈的红海领域？哪些属于尚未经过充分开发的蓝海领域？

其实在短视频行业，马太效应极其明显。金字塔尖的头部节目占据了播放量的一大部分，而处于金字塔底端的更大数量的内容的播放量加起来并不超过50%。也就是说，同领域内，大V账号获得的流量比小号多几万倍，而且垂直行业间流量占比也极不均衡。流量一共就那么多，基本上都被大V账号瓜分殆尽，而有些领域，则属于冷门领域，入局者比较少，连市场基本需求都满足不了。

显而易见的红海领域有哪些呢？美食、美妆、颜值、音乐、舞蹈。而大部分人没有关注到，却依然有很大需求的蓝海领域代表则是母婴、汽车、财经、旅游、军事、文化教程这类专业度更高的细分领域。

别看是细分领域，品牌客户的预算可完全不少，不信你去查查奶粉类的投放预算。品牌汽车类的投放单价，绝对会让你大吃一惊，只不过大家对这类内容的关注度一直不高。

就目前来看，美食类、彩妆类节目竞争激烈，节目总数和优质节目较多，头部节目很强，后入局者基本失去了竞争的机会，头部节目稳居诸多榜单，形成了很强的观众印象。

搞笑节目是老牌经典品类，所以这类短视频并不容易做，后发节目也很难出头。

在生活资讯领域内，节目虽然多种多样，但是同质化问题很严重，基本上已经渗透到了生活的方方面面，包括小窍门、小妙招、偏方、食谱等，可挖掘的空间很窄。

总结来说，母婴、财经、汽车、旅游、军事、文化等垂直行业，节目数量偏少，商业化价值较高，目前头部节目仍未做到绝对领跑，存在大量的蓝海空间；搞笑、美食等垂直行业，观众需求大，但领域内的细枝末节基本已被照顾周全，发展空间小、难度大；少儿类节目的同质化非常严重，竞争异常激烈，如想入局，就要找到新的切入口；游戏节目中解说类最多；时尚美妆类节目更容易“赢者通吃”，头部更容易商业化，腰部以下除了带货变现外，广告几乎可以忽略不计；而影视评类节目虽然可以做到“千人千面”，但做成头部难度很高。

因此，大家一定要选择一个适合自己的细分领域，你的选择决定了你努力的意义和未来将遇到的困难来自哪里。

归根结底，短视频的发展已经进入下半场，看起来是内容形式的转变，实则都是对用户心理洞察的较量，从赛道选择到表现形式，细枝末节处见匠心独具和运营心机，毕竟每个行业，真正的高手从来都是在弯道超车。

席卷各行业的短视频内容创业浪潮

短视频创业，可以覆盖各行各业。

让我们回头想想，大家看短视频看的是什么呢？是不同状态下，每个人的生活。

每个人都有不同的资源：不同的生活环境、不同的受教育程度、不同的年龄、不同的知识结构，所以我们要运用好自身的优势。在短视频领域，有个非常大的好处是，没有人过多关注你的学历、资历，粉丝完全“就事论事”，视频好，则留下，视频差，则离开。

所以无论自身是什么条件，都要充分挖掘自己的闪光点，人人都可以做短视频，人人都可以当超级红人。

如果你是一个白领，可以拍摄办公室段子，比如办公室规则，职场上的潜规则，同事间惺惺相惜或是互黑互踩；如果你是一个学生，可以拍生活Vlog，用Vlog形式记录自己的喜怒哀乐。真实的记录，反映的是活灵活现的生活状态。

总而言之，大家拍摄短视频的目的无非是三类：

第一类，记录生活，记录日常片段。有这类想法的人没有什么粉丝诉求，只是纯粹地分享生活，粉丝则是附属产品。这类人群主要是宝妈、学生、白领等，他们可以拍摄居家心得、生活趣事、学习状况，也可以拍摄上下班的所见所闻。

第二类，短视频带货，提高交易额。这类人群多为企业、个体商户、果农菜农、小商贩等，他们可以拍摄产品的制作流程和相关工艺，可以拍摄相关穿搭和化妆技巧，可以拍摄原产地水果的新鲜程度和挑选水果的方法，可以拍摄产品的耐用度和美观性。

第三类，汇聚粉丝，提高个人知名度，做超级红人，当明星。这类人群大多是非科班出身但拥有明星梦的人。他们可以集中展示自己的与众不同之处，比如优美的歌声，做饭的好手艺等。

不同的目的决定拍摄内容和方式的不同，而拍摄内容的不同，决定了变现方式的不同。

处于什么角色就要想什么角色的事情，明确自己的目的后，短视频的变现可以分为三类。

第一类，以内容创作为主，一些意见领袖、视频主播等的变现模式都属于这类，他们以创作内容为主，靠获取平台的流量分成和承接广告变现，比如办公室小野，仅YouTube上的单月视频收益就动辄三四百万元，单条广告价值也在十几万元到几十万元不等。

第二类，以“卖货”为主，一些美妆达人、服装搭配达人属于这一类，他们自带“变现”途径，也可以说是为了卖货而创作内容。

第三类，以内容创造超级红人，通过短视频成名。他们主要的变现点并非直接与粉丝交易，而是从广告主、影视剧制作方或品牌合作方等方面获得。比如有粉丝基础的超级红人出席商业活动或是参演影视剧，拿到的收入与三线明星相当，每次出场费约几万元。

从某种意义上说，超级红人就是明星，粉丝的购买行为来自超级红人本身的IP，超级红人可以向自己的粉丝群体进行定向营销，从而将粉丝转化为强大的购买力。

总之，每个人，每个行业，都可以玩转短视频，都可以做超级红人。

第 2 章

从 0 启动，账号的 0 到正无穷

在风暴眼里立足的关键：拥有一个属于自己的账号。

在流量红利逐渐消失的互联网下半场，短视频所带来的全新流量成为各方角逐、深耕的新战场，也成为广告业 2019 年“创变转型”路上的唯一光束。无论是短视频电商还是直播带货，都不失为时代赋予品牌营销的机会。

如今，要立足风暴中逆风飞翔的关键是，你需要拥有一个属于自己的账号。

账号定位，选择你要做的内容

定位是一个账号起步阶段最重要的事情。如何做好账号定位，关乎日后账号运营的方方面面，所以千万不可小觑。

内容的定位简单来说就是创业者想要做什么样的内容和怎样去做内容，这是创作者首先需要仔细思考的一个问题。创作者可以考虑市场需求，比如影视、美食、体育、娱乐这些大部分用户日常时间消费比较集中的领域，但这些品类的创作者也比较集中。创作者要想在这些领域中取得突破就需要寻求自身内容的价值，要么是形式新颖、节奏把握的比较好，要么是内容覆盖了用户涉及比较少的地方。

其次，创业者要考虑视频能更新多少期，再好的内容，如果只能做 10 期就要考虑转型，就意味着生命周期太短，现象级的内容哪怕是“爆款”，也就火了一下就没有后续了，而专业的视频创作者以“火”作为基础持续扩大影响力。

因此，内容方向的精彩程度、生命周期决定了视频内容定位，反过来内容定位又直接决定了视频内容的精彩程度和可传播性。在创作的过程中，确定内容定位是相当重要的一个环节，内容需要既具备“人”的真实情感，又突破大部分平台上人格的特征，与用户形成亲密感。

账号定位一定要结合创作者自身的优势，充分考虑自己的职业、爱好、特长与身边的资源等。

如果你是一位大学生，那么时间和环境就决定了你大部分时间无法拍摄野外长途跋涉的视频。而假如你的爱好是野外探险，是个精通各种户外生存技能的“糙汉子”，那么基本上你就没办法静下心来看各种化妆品的组成成分，没办法老练地去做美妆种草类视频。

接下来要从横向和纵向来思考。横向是要明白你适合做什么样的账号、你想做短视频的目的是什么：实现自我价值？赚钱？扩大品牌宣传还是其他？纵向是你适合什么样的平台，要选择什么样的策略。

IP即符号，是别人想到你时的第一印象，也是你想给别人留下的认知。IP的差异化决定了账号未来的高度。IP由性质和身份两部分组成，例如设计师阿爽=专业的设计师，李佳琦=专业的美妆达人，李子柒=接地气的美食达人。

不同角色对应着不同的定位，合适的人设定位选择会让你事半功倍。不管是农民、基层务工人员、白领、学生、个体工商户、传媒公司老板，还是演员、企业、自由职业者都适合拍摄短视频，因为每个人的生活都是独一无二的，只要选好定位，做好策划运营，就一定能成功。

以农民为例，大部分人认为农民是不适合拍短视频的，理由是环境不好，看起来不高级；生活日复一日，没有什么新鲜事；接触到的东西都是过时的，农村有的城里都有，甚至更好；农民学历普遍不如城里人高，不会复杂的剪辑拍摄，电脑用不明白，没有充足的时间去经营打理。

但是如果我们改变思维方式，逆向思考就会发现，农民做短视频占尽天时地利人和。

如果你是一个农民，生活在农村，过着日复一日的日子，那么你拍短视频的目的基本有两个：一个是好玩（满足好奇心，与外面更大的世界接轨）；另一个是赚钱。

目的明确后，我们来策划拍摄内容。

在内容角度选取上我们可以从两方面入手：一是当地的风土人情，比如记录乡亲们的家长里短，由一个人引出一家人，由一家人引出多家人，按照这个思路拍下去，那这就是一部短视频版的《乡村爱情》。另一个是拍摄城里很难接触到的东西，比如农村特有的起锅烧油、上山打猎，甚至是凿冰捕鱼、收玉米……这类视频差异性和独特性瞬间明确，有很深的记忆点，容易从同质化严重的作品中脱颖而出。

而后续的商业化变现也很明确，可以通过直播售卖当地原生土特产：如石榴、苹果、海鱼、螃蟹、人参、玉米等；或者是自己做的深加工食品，如豆包、咸菜、腊肠、茶叶、醉蟹、辣椒酱等。可以把这些作为自己的特色，简单，直接，收入还非常可观。

图 2-1 原产地直播

在人们的刻板印象中，农村向来是落后的，农民向来是老实巴交的。可是在很多短视频平台上，农民朋友有着源源不断的活力，拍出了农村人的独特个性和生活气息。也正是因为这种反差，引起了人们的注意，让更多的农民在短视频平台上火了起来。江苏连云港市海头镇海脐村的张志超就是其中一个。2017 年，他开始把自己出海打鱼及烹饪海鲜的生活视频上传到短视频平台。如今，他已拥有 268 万粉丝，捕捞的海鲜也销往全国各地，年收入更是翻了上百倍。

在聊城临清，“乡下阿东”在网上也很火。

“乡下阿东”的真名叫吴小东，今年 36 岁，是地道的临清松林镇农民。2017 年下半年，他开始尝试在网络平台上拍摄以农村生活风貌为主题的视频，经过两年的积累，吴小东现在已成为一名拥有 126 万粉丝，单条视频播放量在 10 万左右的“80 后”三农视频创作超级红人。

有了一定规模的粉丝群体后，吴小东开始探索如何将线上力量转换为助力乡村发展的消费力。

在松林镇，曾有农民因绿色农产销路不畅遇到困难，找到吴小东，请他帮忙。吴小东欣然答应了，随着有关农产品视频的发布，还真吸引了不少粉丝关注，一些粉丝留言询问：“东哥，东哥，这些菜在哪里能买到？”吴小东用视频为蔬菜“代言”，当地的绿色农产品的知名度越来越高。

从吴小东身上，我们就可以明显地看到定位对短视频的重要性，假如农民出身的他，当时非要把自己包装、定位成传媒老板，去幻想传媒老板的生活拍摄视频，还会取得这么好的成绩吗？

在做账号定位时，我们要注意：明确自己的优势，垂直定位，一个账号只专注一个领域。

要记住，账号定位越垂直，账号的权重越高。如果一天发美食，一天发舞蹈，再过两天发明星，不仅无法吸引垂直领域的粉丝关注，而且还会导致账号权重降低，获得的初始推荐流量变少。

一个好的账号定位，可以帮助我们快速涨粉、快速引流、快速变现。账号定位越精准、越垂直，粉丝越精准，变现越轻松，获得的精准流量就越多。

“人设”即标签，寻找自身辨识度

内容决定了你的粉丝有多少，人设决定了你的粉丝有多好。

在今天这个IP概念盛行的娱乐化时代，营造好自己的人设才能更好地获取流量并将其转化为粉丝，赢得资本的青睐继而通过各种方式营销变现。简单来说，“人设”就是打造一个给别人看并能据此变现的形象。

一个短视频的人设不是靠创作者在脑海里凭空想象出来的，而是观众通过视频内容切实感受到的。一个账号的基本信息，发布的每一条视频，与用户之间的互动，都是人设打造的一部分。也就是说，一个鲜明人设的形成是需要整体规划和持续贯彻的。

人设有两个方面：一个是观众看到的人设，一个是系统机器识别的人设。

1.观众看到的人设

（1）人设即标签

如今的短视频用户，刷视频的主要原因是为了消磨碎片时间，简单来说，就是为寻开心。

因此，大家并不愿意花费时间和心思来研究一个账号到底是怎样的，这个短视频到底展示的是什么意思，这个博主是一个怎样的人。

要想让别人快速认识你，最好的方式就是给自己贴标签。换句话说，人设其实就是标签的组合，你需要寻找一些你自身具备的、有传播度并符合目标定位调性的标签。

标签不是你直接打出字来告诉用户，“我是什么样的人，所以你来关注我吧”，而是通过视频内容呈现出来的，让用户自己感知到的。并且，这些标签要在几乎所有视频中都能得到体现，只有这样，用户才能对你形成一个稳定的印象。

假如，每一个视频里，你的形象都是不一样的，没有统一的集合点，那么对于用户而言，你的形象就是一群散点，没有鲜明的主题，用户找不到能够忠于你的点，你就跟其他类似账号没有区别，从而难以获得关注，更难以变现。

（2）寻找自身辨识度

建立一个账号，追根究底就是打造一个IP。既然想要打造IP，那么第一步就是，你对自己要有一个清晰的定位:“我是谁？我是干什么的？我和别人有什么不同？我凭什么让别人喜欢？为什么大家要在这么多人里面喜欢我？”

“干什么的”和“我是谁”这两个问题在前文已经讲过，而关于“凭什么让人喜欢”这个问题，解决方法就是要发掘并找准自己身上能吸引人而且有辨识度的那一个或几个点。

纵观各个领域的头部账号，好看的皮囊如今已不再是重中之重，有趣的灵魂一定是必不可缺的。

如今短视频已成为主流，其特点便是具有更强的社交属性，个人鲜明形象感更强。因此，对于一个真人出镜的账号而言，其人设很大程度上就取决于这个人面对镜头时所展现出来的性格特征。这决定了他能否感染观众的情绪并引发互动，也决定了他能否获得更多观众的喜爱而走得更远。

比如同样是美妆博主，在一众大眼睛、高鼻梁的美女中，一股超级红人界的“泥石流”脱颖而出。在2019年时，邢晓瑶绝对是数一数二的美妆接单代表。邢晓瑶，化妆后如少女，化妆前胜似大妈的夸张“变形”，一经出道，迅速捕获众多宅女们的心。邢晓瑶平日行事风格大大咧咧，常常毫无顾忌地素颜直播，猝不及防就上传证件照，满脸痘印、黑眼圈、肤色暗沉，跟大众心目中的美妆博主形象相差甚远。但是一旦化好妆，邢晓瑶完全就像变了个人，皮肤嫩透有光泽，还有粉粉嫩嫩的苹果肌、嘟嘟的小嘴唇，简直酥倒少女心。她因为常常长得不太一样，被称“日抛脸”。就是这种接地气和明显的“土气”感形成的巨大差异，成为她鲜明的个人标签。

此外，我们还需要打造专属自己的记忆点，比如一句属于自己的广告语（slogan）。

人设不是凭空想象出来的，而是从自身出发，基于自身已有的东西去做精选。可以是外表，可以是性格，还可以是特长，甚至是一句专属于自己的口头禅。

在这个时代，记忆点不一定非要多高级，只要是独特的都可以考虑。如果不知道自己身上哪个点更能吸引别人，可以先去问问自己身边的朋友，让他们评价一下你身上令人喜欢和讨人厌烦的点分别是什么，很多时候，自己对自己的评价往往不如他人对你的评价来得精准。

对于特点的挖掘要舍得投入足够的时间，针对每一个可能的特点，分别策划视频，大胆尝试，通过数据的反馈，最终确定到底哪一个才是你真正与众不同的、让人印象深刻的点。

当你终于挖掘到这个特点后，你还需要不断深化，通过重复给观众形成记忆点，让他们知道这个标签就是属于你的，是你独一无二的，当他们听到这句话，马上下意识就会想到你。比如，李佳琦经典的几句：“Oh，my god”“我的妈呀”“买它，买它，买它”。

（3）从自身出发，不要伪造

其实关于人设的选择，还有很关键的一点就是不要撒谎。你永远装不成你不是的样子，装一天可以，但是长期装，肯定不行，总会在一些不经意的时候会暴露所有。

不要撒谎是前提，但我们可以有选择性地说真话。就像找工作面试时，你要做的是多多展现你身上好的方面，差的方面避而不谈，而不是去伪造、添加一个原本你不具备的好的方面。那些因夸大个性和能力结果人设崩塌的明星在娱乐圈屡见不鲜。

2019 年 2 月，某著名演员因在直播中回答网友提问时，不知“知网”为何物，导致他的博士学位真实性遭到质疑。后经过调查，其博士学位被撤销。

如今超级红人和明星的界限不断被打破，超级红人翻车事件也越来越多，如果想经营一个长线的IP，一定要一开始就想好立意点，每一次的变更，都会消耗大量的粉丝忠诚度。

任何人身上都有闪光点，可能原本只是对最亲近的人展现，现在你可以选择让更多人看见。你越真诚、实在，你的粉丝也会越信赖你，你也就更容易营销变现。努力装作另一个人，迟早会有露馅的一天。更何况，如果真实的你就能被大家喜欢，为什么要表演成另一个人呢？

（4）少即是多

可能你也曾听说过木桶理论：一只木桶盛水的多少，并不取决于桶壁上最长的那块木板，而是取决于桶壁上最短的那块木板，因为劣势部分往往决定整个组织的水平。但在短视频领域则恰恰相反，你需要关注的是最长的那块木板。最长的那块木板决定了你的特长和优势，决定了你能否在一个垂直领域内占据高地。

很多新手刚做短视频时，总想着做很多的事，希望视频内容丰富、充实，殊不知，这正是搞垮账号的开始。我们要区别好短视频和以往电影、电视剧的区别。短视频的时间一般在十几秒到几十秒，这么短的时间里，很难有效展示出来各种特质，过于丰富的人物设定和过于精致的细节，只会干扰粉丝对人设的快速认知，给粉丝增加理解难度。所以，短视频的人设标签只应选取角色的一两个点来塑造，方便粉丝记忆和识别。

由于工作的关系，我做过很长一段时间的电影制片人，因此认识很多从电影、电视剧行业转行到短视频领域的同行老师。我发现，绝大多数科班出身的制片人，都拍不火短视频，往往是没有一点儿电影经验的人在短视频领域做得风生水起。

（5）一以贯之，用内容强化人设属性

一旦确立了人设，就不能轻易改变，长久坚持才能给粉丝形成稳定、清晰的人物形象。在日后每一次的选题策划中，都要考虑这期视频的内容是否与人设相符，不能胡乱跟风，追热点。

比如，一个美食博主，就不要总是追时政热点；一个情感博主，就不要总惦记着给大家拍美妆视频。这些都是不符合你定位的“超出内容”，只有通过持续产出与人设高度一致的视频内容，才可以不断强化粉丝对IP的印象，继而形成牢固的粉丝关系。

当然，这并不是要你一直守旧，每一期视频内容都必须完全符合人设。我们完全可以适时推出一些新的背景故事，加强一些新的角色认知。

但是一定要注意循序渐进，不要过快，不要贪心一次就让大家记住很多。

2.机器人识别的人设

所谓的机器人设就是你的注册信息。一个新注册的账号，会注册很多内容，包括头像、生日、地区、兴趣、签名等。系统的算法这时会根据你所提交的资料、初期关注的用户类型、手机曾经登录过的账号、地理位置周围的账号等对你产生一个基础的用户画像。

基础设置是账号定位的第一步，从账号昵称到简介、背景等都是强化人设的基础项，基础的账号设置要秉持下面 4 个原则：

• 好理解：让人一看就知道在说什么。

• 够简洁：概况能力很重要，一句话带给对方足够多的信息。

• 有价值：考虑能够为用户带来什么好处。

• 符合自己的人设定位。

在打造账号时，可以通过下面 4 个方法强化视觉效应：

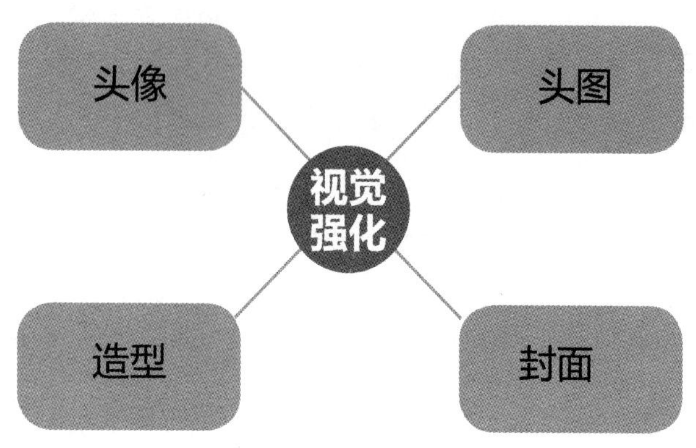

图 2–2　强化视觉效应的 4 个方法

• 头像：尽量使用真人头像，符合人物定位。

• 头图：表明账号定位，色调统一，加入 IP 形象。

• 造型：鲜明突出的造型，固定的发型和服饰搭配。

• 封面：统一风格调性，色调、字样、样式，与人设风格呼应。

账号起步的万能公式，对标场景可持续

1.对标+场景化+可持续

很多人在账号起步时，不知道从哪里下手，如何下手。这里我给大家总结出来一个非常有效的方法，就是对标+场景化+可持续。

（1）对标

对标指的是我们在经营账号之前，一定要有一个对标的案例。比如，你想做剧情类的短视频，就需要找一个剧情类做得比较好的账号去对照；如果你想做美食类，就找一个自己比较喜欢的美食类账号去学习。对标的过程就像是临帖，不仅仅让你知道字怎么写，还可以具体“比划比划”。很多人在对标的过程中会发现很多之前发现不了的错误。例如，和别人拍得很接近了，为什么他的视频能收到100万的点赞量，而自己的只有5个呢？

问题的关键在于我们觉得已经模仿得很像了，但其实有很多关键的、隐藏的细节没有抓住，也没有模仿到位，比如节奏、背景音乐、表情状态等。

所以在对标过程中讲究“逐帧模仿”，就是要一帧一帧地模仿，一秒一秒地比对。不要怕麻烦，学习不是简单的过程。在这个过程中，我们可以自我总结，反复尝试，“站在巨人的肩膀上”，才更容易做出好视频。

账号起步初期切忌自己独创视频形式，不要凭自己的经验，去想象什么内容能火，能受欢迎。很多初学者，容易犯这个大忌。

我在学习当代艺术鉴赏时，曾经跟一位艺术家朋友去看画展，看到一幅赵无极（“西方现代抒情抽象派的代表”，法兰西画廊终身画家，巴黎国立装饰艺术高等学校教授，获法国骑士勋章）的画。不懂艺术的我觉得那幅画就是拿笔随便地涂抹上去的，于是回来以后，我对艺术家朋友说：“像赵无极那样的画，我也能画啊！就大胆地乱涂乱抹呗。”

那位艺术家朋友听完后，说了一句让我记忆深刻的话：“乱涂乱抹的人太多了，但只有赵无极成为大师，不要把艺术想简单了。”

这句很平实的话让我振聋发聩。后来，当我逐渐了解了当代艺术时，再去看赵无极的画，有了更深的见解，那么多艺术家前仆后继都赶不上赵无极，我一介外行竟然口出狂言，不禁为当时的不成熟而汗颜。

同样，做短视频也一样。虽然这个行业出现的时间并不长，但仍然有它内在的章法和系统，不要想当然地觉得自己独创的模式好，从而花费大精力去尝试，这样的结果只能是交高昂的学费，耗费大量的时间成本。

有一种陷阱叫“感动自己”，大家一定要注意。我们自己的作品，往往是由身边熟悉的人出演，集合了我们自己的心血，就跟晒娃狂魔一样，觉得自己的孩子天下第一好看，但在别人眼中可能再普通不过。真正的好作品，要经得住市场的考验，这个时代没有什么怀才不遇，短视频也一样，观众都是用“双击”和评论投票的，真正的好视频一定会脱颖而出，千万不要和观众较劲。

（2）场景化

这里的场景化不是指拍摄场景，而是一个互联网名词。简单来讲，就是你视频里面的元素，发生在哪个场景分类。比如你每天做一道菜，你的场景就是美食；你每天去挑战一个体育项目，你的场景就是体育。选择场景的关键是：大且容易火。

大指的是有足够的拍摄空间。例如，小强是挖掘机司机，有一天他拍到自己的工友从挖掘机上摔下来，摔了个跟头，表情动作非常滑稽，然后发到短视频软件上，火了。但是这一期视频火了以后，没有其他的内容可拍了，这个场景我们就叫它“窄众”，不是大众化的场景，也实现不了我们所说的“可持续输出”。

容易火，指的是你的场景本身具备一些火的特征。比方说，你和另一个人同时拍同样的一个段子，你是一个相貌平平的人，而另外一个人长得像马云，谁火的概率比较大？一定是长得像马云的那个人，对不对？如果没有一张“马云脸”，我们可以创造容易火的条件。比如别人都穿平常的衣服拍摄，你穿汉服拍摄；别人都素颜说段子，你可以把自己画成个戏剧性极强的大花脸说段子。这些都是在创造火的条件。

（3）可持续

可持续比较好理解，说的是内容具备可持续性，方便你以后的持续输出。

有的人短视频内容做得不错，但是成本高，运营高，人员消耗高，场景要求高。比如，一段视频需要十几个人的拍摄团队，拍完以后要剪辑七八天才能完成，这样的视频输出频率就非常受限，慢慢团队一想到拍视频就觉得厌烦和恐惧，在积极性上严重打折，后续的内容质量必然会受到影响。所以，为我们自己的工作量考虑，我们要选择一个容易输出的角度。

定量和变量，指一个视频的基本组成：形式和内容。一个优质的账号，一定要有定量和变量。

通常，“形式”是定量，“内容”是变量。两者有机结合，就可以实现上面说的可持续输出。

形式指的是我们摸索出一种受欢迎的模式。某种形式一出，视频点击量就能比平常的作品高出几倍，那么这就是一种好的形式、好的题材。以某短视频平台账号韩美娟举例，以前他拍了很多素颜视频，都不怎么火，忽然有一期，他以浓妆艳抹的方式出镜，火了，后来继续浓妆出镜，发现视频点击量还是很高，这就说明形式对了。期期这个形式，期期就会有一个基础量。

形式确定后，我们需要操心的就是内容，不断变化的内容加上固定的受欢迎的形式，这就是视频能持续火下去的“秘籍”，懂了这个变量+定量逻辑，会为我们的摸索节约很多时间，少走很多弯路。

2.案例分析：拆解短视频平台头部大号

（1）会说话的刘二豆

刘二豆是曾经在某短视频平台排名前三的头部大号，它的主体非常简单，就是两只“会说话”的小猫咪，一只叫瓜子，一只叫二豆。刘二豆是一只折耳猫，瓜子是一只英国短毛猫。两只猫的日常对话，成了观众的看点。

这个案例中的定量是永恒不变的两只猫咪间的对话，变量就是每期不同的内容。试想，假如同样的剧本，让两个普通人来对话，那么最终呈现的视频就会显得平平无奇。而以猫的形式，新颖，吸睛，不落俗，能吸引一大批刚刚刷到的观众继续观看，再通过内容上设置高潮点和话题引导大家看完，提升完播率。

会说话的刘二豆就是一直以这种形式沿用下去，最后成就了这一超级大号。

（2）一禅小和尚

一禅小和尚也是统一平台的头部大号，人物设定为一个对世界充满强烈好奇心，每天都能从生活中发现趣味和智慧哲学的暖萌小和尚。

他的师父阿斗是一个不拘小节，偶尔鸡汤，偶尔老童趣的出家人。一禅和他的师父生活在一座景色优美的寺庙里，周围的村庄里住着一群善良淳朴的村民。视频在妙趣横生的日常故事中，展现纷繁世间的纯净真情，带给一禅、每一集的出场人物、读者一个又一个意味深长的道理。

一禅小和尚的账号设定用的也是定量+变量的方式，定量是优质的漫画效果加上经典的卡通IP形象输出，变量是每期不一样的人生感悟。期期贯彻，期期更新场景和金句，从而产生期期新内容。

在学习和尝试短视频内容制作的过程中，要多刷多看，提升对新内容、新形势的敏感度。

内容定位，垂直领域下打造差异化

内容定位就是关于产出什么样的视频内容的定位。

所有的短视频创作者都有自己的特点和性格，这种天然的差异化属性造就了每一名创作者在创作的过程当中融入了自有特色。目前，短视频的同质化已经逐渐加重，坚持自己该坚持的信念，做好内容定位才能在与同赛道的创作者竞逐时崭露锋芒。

但是，一定不能脱离垂直。

比如，做吐槽类影评这类内容本身没有问题，但如果加入影视方面的娱乐八卦，用户可能就不知道该看哪个点了。有喜欢影评的受众，也有喜欢娱乐的受众，可这两种受众是两群人有可能并不兼容。

同样在账号内容需要做出调整时，也一定要小心再小心，任何的转型都会伴随着“阵痛”，稍有不慎，之前辛苦积累下的粉丝就会丢掉很多。

做什么样的内容是需要创作者仔细思考的一个问题，内容方向的精彩程度、生命周期决定了视频内容定位，内容定位直接决定了视频内容的精彩程度和可传播性，在之后的创作过程当中，确立内容定位是相当重要的一个环节，这样的内容既有了“人”所具备的真实情感，又突破了大部分平台上人格的特征，形成与用户更亲近的内容。

短视频的工作流程和程序十分复杂，每一项工作在宏观上可以用一句话带过，可是在微观层面还是有很多细节需要我们在执行中不断摸索。没有人能够随随便便成功。核心定位更多地意味着你之后的工作规划，以及呈现出来的工作内容在互联网上能产生怎样的传播，能传播多久，以及在传播之后你能得到什么。

如果做短视频内容营销，不知道如何给自己的产品定位，建议你可以用飞瓜数据试一试以下两种方法。

一是查看同质账号前十名的热门视频。看看这些视频都在拍什么，是怎么拍的，思考粉丝关注的是视频中的哪些点。

具体做法是从“热门素材”中搜索“热门视频”，再点击“指数分析”就可以获得视频关键词。

二是查看同质账号前十名的播主。看看这些播主的视频拍的是什么，怎么拍的，再看看他们的视频都吸引了哪些类型的粉丝，你想吸引哪些类型的粉丝，通过分析对比，总结出适合自己借鉴学习的点。

具体做法是在“播主查找”搜索“播主排行榜”，再选择对应领域，就可以看到对应的粉丝增长情况和数据关键指标。

持续性输出，坚持更新时间复利

用一天的时间做出一个短视频很容易，不过一个短视频是不能吸引大量观众观看的，最重要的是持续性的内容输出。

很多朋友问我，短视频创作里什么最重要？我可以很坚定地告诉你，坚持最重要。

1.坚持积累

经营短视频本身就是一个长期的事业，任何行业都遵循十万个小时定律，新媒体行业也不例外。对内容进行整合和优化更是一个需要持续进行的过程。

对于刚刚入行的短视频创业者来说，在创业的初期，绝对不能对内容的创作抱以一种急功近利的态度，不要幻想一夜之间自己的作品就可以声名远播，不要想着一夜之间迅速成名，变成第二个薇娅或李佳琦。

这个时代是有很多机会，但是机会和天上掉馅饼并不是一个意思。只有稳下心来，一步一个脚印地对内容进行素材积累，才能在拥有了足够强的实力之后迎来厚积薄发的那一天。

坚持积累内容，首先要确保对素材的积累。

在线上，相关短视频创业者应定期搜集一些网上的热点时事和趣闻段子，并按照其影响力的大小进行分类，以此保证“网感”随时在线，可以快速地分辨出什么内容适合传播，什么内容传播能力明显较弱。

而在线下，相关短视频创业者应该时时注意观察生活。都说艺术来源于生活，其实短视频拍摄的本质，就是将生活影像化。很多传播力广的短视频，其实都是发生在我们每个人身边真实的故事，因为真实才有吸引人心的力量。一旦发现生活中有趣的故事，就应当及时记录下来作为内容创作的参考。

坚持积累内容的另一个方面也是对内容创作人才的积累。

任何行业比拼到最后，都是人才的比拼，而重视对创作人才的积累，不仅能最大限度地发挥优秀人员的主观能动性，而且还可以将自己有限的资源转化为无限的创作可能。当你爱才、惜才的口碑在行内传播出去后，必然能吸引更多的有识之士不断加入，以此扩充你的创作班底，构建一支更为有力的后勤保障。

2. 坚持站在用户的角度思考

对于短视频创业者来说，内容创作并不是肆意妄为的“任性”玩闹。视频成功与否的决定权并不在自己手中，而在自己的受众——用户手中，大家好才是真的好。大家喜欢看，才是衡量一个短视频是否成功的关键。

再次强调，艺术性创作可以完全遵循本心，但是想要制作一个可以盈利的短视频账号，不孤芳自赏是核心。

短视频创作者应牢记自己的目的，清楚自己为了什么而拍，为了什么而做，应当在内容创作的一开始就保持和用户之间的沟通联系。

一方面，创作者可以直接通过数据，观察用户对内容的需要。另一方面，创作者可以尝试站在用户的角度，重新审视自己的内容，用心揣摩用户观看内容时的心理。多站在用户的角度思考内容，就可以有效提高创作内容的针对性，也能使作品更好地被市场接纳。

3.坚持“犯错”

你一定觉得有些奇怪，都说避免犯错，怎么还建议坚持犯错呢？

因为短视频行业虽然已经存在了一些年头，但基于整个营销市场而言，它目前仍处于成长期，在行业内部尚未形成一套“放之四海而皆准”的行为准则，仍处于百花齐放的状态。坚持犯错，就是鼓励你多做尝试，多做创新，不要一直循规守旧，这样会丧失很多优秀、有趣的好点子。

再者说，从相关短视频创作者自身的角度来看，自己的平台刚刚成立，没有所谓经营上的“包袱”，完全可以放开手脚大胆地做。

其实，犯错对于创作者而言，不仅能为其带来宝贵的实战经验，更能在“吃小亏”的过程中避免今后创作内容时出现战略上的失误。当你犯的错都是新的，都是以前没经历过的，那么就证明，你获得的成长也都是崭新的，打开的世界也是更加多元的。

第 3 章

爆款方法论：用数据完成精细化运营

用数据细化指标，实现精细化运营。

古人云：“凡事预则立，不预则废。”其中的“预”，就是策划的意思。无论是新媒体运营还是商业运作，策划都起着至关重要的作用。对于短视频而言，策划是为了更深层次地诠释内容，只有将内容做好，做到精细化运营，才能在各类竞争中脱颖而出。

所有的爆款，都来自方方面面的精细化，细致再细致，才能在众多竞品中拔得头筹，完成全网覆盖性传播。那么该如何用数据细化各项指标呢？

选题的注意事项

好的选题，能成就高的播放量。

从长远来看，做好短视频一定要提前做选题内容规划，这样更容易出精品视频，也更容易吸引精准用户，提升用户的黏性。那么，我们在做短视频选题时应该遵循哪些原则？需要注意什么问题呢？

在视频创作的策划阶段，很多创作团队都会进行头脑风暴，经过不断的碰撞之后，斗志满满地奔赴前线，紧锣密鼓地开始短视频制作。

在视频内容的策划选题这件事上，集思广益的头脑风暴是必要的，可一定要弄清楚是哪些人在一起碰撞。经常有人问我："我们团队也开选题会呀，大家讨论得也很激烈，制作的视频也很好玩儿，怎么就不火呢？怎么就没有流量呢？"

创作者觉得自己的团队拍出来的视频有意思，认为团队的演员比明星都有闪光点，可那只是创作者自己以为，因为你们的关系更为亲近。可屏幕另一端的用户又不认识你们，用户不一定会觉得内容有趣。

这就好比朋友圈的"晒娃狂魔"，他们都觉得自己家的宝宝是最可爱的，这是作为父母的人性使然。假如让这些人在自己的弱关系网，逢人便夸自家宝宝如何可爱，对方一定感受不到这些家长兴奋的点。

因此，不专业的人在一起碰撞出来的内容选题很容易成为自娱自乐的产品，别把你自己的想法当作用户的想法，反而要将用户的想法当作你的想法，这才是对的。

图 3-1 选题头脑风暴会

1.短视频选题的 3 个原则

第一，确保选题内容不脱离用户。想要突破播放量的束缚，首先要在内容上贴近用户。往往最贴近用户的内容最能得到用户的认可，这才是高播放量的保证。

第二，内容要尽量选择有价值的干货。有干货的内容会使用户有传播的欲望，从而提高播放量。

第三，选题内容要与定位的方向垂直，这样吸引来的粉丝才会更有价值。

2.短视频选题的4个细节

第一，选题内容一定要坚持用户导向。以用户需求为目标，千万不能脱离用户、粉丝对于内容的需求。换句话说，我们在做选题时应该优先考虑用户的需求和喜爱度，这也是保证我们视频播放量的重要影响因素。

第二，选题内容应该以价值输出为宗旨，视频输出的内容一定是对用户有益的。也就是说，我们的内容尽量选择有价值的干货。干货内容的优势是能够直接触发用户收藏、点赞、评论、转发的行为，帮助我们传播内容，从而达到裂变传播的效果。

第三，保证选题内容的垂直度，提高专业领域的影响力。做好短视频定位领域后，就不要轻易更换。如果总是更换领域，导致打造出来的短视频账号垂直度会不高，内容选题比较复杂，用户粉丝也不会精准。因此，选题内容一定是在某一个领域内长期输出的内容，这样更容易占领头部的流量。

第四，选题内容应多结合行业热点或网络热点。紧跟热点可以使视频在短时期内得到大量的流量曝光，对提升视频播放量和吸引粉丝有非常重要的作用。

我们在做选题时除了有常规的选题之外，一定要提升对热点的敏感度，善于捕捉热点，蹭热点。

3.短视频选题的2个禁忌

第一，蹭热点要把握分寸。做新媒体需要不停地蹭热点，做短视频选题同样离不开蹭热点，但并不是所有的热点我们都可以蹭，很多热点我们蹭了可能带来违规甚至下架的风险。这就像银行门口永远贴着那句标语“投资有风险，理财需谨慎”。

比如时政、娱乐、军事等领域都需要注意，目前所有平台对于这类领域管制都比较严格。千万不要为了一时之快而为自己的账号带来风险。这类内容我们不应该做。

第二，远离敏感词。其实这条和上一条有很多相似之处，不过这里更多的是针对视频平台。因为国家已经出台相关的法律法规文件加强了对短视频平台的管理。因此，平台也要时时了解政策导向和相关管理规范。

这里跟大家分享一个设计短视频标题的小技巧。我们在给短视频起标题的时候可以多参考系统推荐视频中涵盖的词汇，多从系统推荐视频中提取关键词，用这些关键词组合标题，尽量提升我们的短视频曝光量。

4.短视频选题的 5 个来源

第一，热点类：短视频平台的榜单、微博热搜榜、小红书推荐榜单、微信关键词指数。

第二，话题类：豆瓣社区、知乎提问关注数、悟空问答。

第三，评论区：很多好的选题都来自评论区，评论区代表了用户真实的想法和兴趣点。

第四，“热梗”创新：把原来的“老梗”加入新元素，重新演绎。

第五，背景音乐（BGM）创新：比如更换说唱旋律的主题。

视频点赞过万的方法和关键

视频点赞过万，标题决定一半。视频不出彩的情况下，好的标题文案或许可以扭转乾坤；视频出彩的情况下，好的标题文案也能起到锦上添花的作用。

文案写作的基本原则是调动用户情感，使他与你产生共鸣。

某短视频平台之前有一条特别火的视频，视频内容是一个人坐在出租车里拍的窗外场景，画面里是呼啸而过的车流、逐渐后退的树、灰蒙蒙的天空……视频内容整体比较平淡，也没有能吸引人眼球的关注点。然而，车窗外的景色配上视频的文案“背井离乡来到这座城市现已4年了，还是一无所有。明天又要交房租了，感觉快要撑不下去了。看到的朋友能给我点个赞鼓励一下吗”，马上为用户塑造出一个心中孤寂、日子艰难的城市流浪者的形象。

很快，这个视频就获得了四十多万点赞。为什么这个平平无奇的视频能够得到这么多赞？答案就在文案里。

这个例子足以表明文案的重要性，这个短视频能获得这么多赞，其本质便是调动了用户的同情心：“假如小小的一个赞就能鼓舞他人坚持下去，那我何乐而不为呢？”

标题文案之所以重要，在于它决定了用户因为什么被吸引而点开视频，以及看完视频之后是否要留言和互动。可以说，标题是视频的眼睛，起得好就能获得更多点击量，更容易获得平台的推荐。

好的标题是讲究方法的，标题有两个核心作用，一是让看到的用户点击视频，二是获得平台更多精准推荐。这也是我们设计标题时重点参考的方向。

1.让用户点击视频的 4 种方法

（1）简单叙事

叙事型标题一般是通过一段完整的描述，来帮助用户降低对视频的理解难度，单看文字就能获知视频表达的主旨。

（2）设置悬念

这类标题通常是把话说一半留一半，用户会在猜疑、揣测中期待视频接下来将发生什么。这种风格的标题，可以提高视频播放的完成度。如果视频效果与用户的期待值一致，还可以引起用户的互动。但是，一定不要在标题中展示任何答案，答案必须在视频中。

悬念类标题通常会用到一些词，比如这几招、这几个秘密、大家都在看、应该这样玩、2 分钟学会、如何、为什么、难道、究竟、简直、难怪、何必……

这些词汇需要大家平时多积累和收集，收集得越多，你在起标题的时候就越轻松。

（3）刺激互动

互动标题一般是通过文案与内容的互动提高粉丝活跃度，可以巧妙地刺激用户点赞、评论和转发。

取这种标题时，需要在内容策划上以用户互动为切入点，文案也要与内容高度匹配。否则，随意使用只会适得其反。

（4）唤醒情绪

这种标题属于情感类标题，无非就是我们常说的“爱情、友情、亲情”。另外，还可以添加一些唤醒情绪的词语，如感动、暖心、愤怒……

2.迎合平台的推荐机制

以某短视频平台为例，其推荐机制是机器审核+人工审核。也就是说，我们的标题首先要给机器审核，然后才是人工审核。因此命中标签的概率越高，获得的推荐也会越多。

在写标题时，可以根据自己定位的领域，布局一些常见的行业关键词。比如，定位护肤的账号可以多在标题中使用护肤、彩妆、口红等词语。

建议大家平时有意识地多去搜集一些自己领域相关的专属词汇。比如宝宝、儿歌、玩具等就是母婴领域的专属名词。

这样做的目的，是让机器觉得你的账号属于某一个垂直领域，然后将你的视频推荐给对该领域感兴趣的人，使得推荐更加精准，从而达到营销目的。

3.短视频标题的 6 大关键

在给短视频起标题时，创作者还应注意以下 6 个关键点。

（1）避免词汇太专业、冷门、生僻

太过专业、冷门、生僻的词汇覆盖人群较少，可能只有行业内的专业人士才能看懂。就算标题起得再好，但点击量会很少，不利于机器审核，推荐量也会降低。

（2）避免缩写词汇

避免缩写词汇的原因在于：一方面用户可能看不懂，或者说看到标题也不会点击；另一方面平台的机器无法识别，推荐量也会降低。

（3）善于运营开放式文案

善于运营开放式文案，抛出话题，有意识地引导用户留言互动。

如果标题平淡，就无法吸引潜在的用户点击。此时并不代表你的视频内容不行，虽然机器能够识别，但是推荐之后，用户不点击，机器认为用户不喜欢你的视频，也会降低推荐。

（4）标题字数不要太多

标题字数不要太多，建议在 15~20 个为宜，最多不超过 55 个字；展现在手机上面就是 1~3 行。

字数太多，一方面会影响视觉体验，文字挤在一起，不方便第一时间获取重要信息；另一方面，视频展现方式类似于信息流的形式，不感兴趣的内容用户 2 秒就划过去了。

所以，如果不能在2秒钟之内用标题吸引住用户的目光，这个标题就是失败的。

（5）增加内容曝光的机会

添加热门话题标签、@好友或官方小助手，也能够在一定程度上增加内容曝光的机会。

（6）适当口语化表达

适当口语化表达，避免官方语态，不然会留给人刻板的第一印象，导致用户量直接下滑。

选对背景音乐，轻松上热门

新媒体人都知道，短视频要火，背景音乐得顺。背景音乐就是短视频的灵魂！

背景音乐是影响短视频传播的关键因素之一。有时，即使视频本身并不是太好，但如果搭配了合适的背景音乐，往往会产生 1+1>2 的效果。

“让蜡烛代替所有灯，让音乐代替话语声，此时无声胜有声。”

“我怎么这么好看，这么好看怎么办。”

“若不是你突然闯进我生活，我怎会把死守的寂寞放任了。”

如果你是短视频平台的忠实用户，那么看到上面的歌词多少会有几分眼熟。当你尝试哼唱时，就会发现，这些歌词都来自热门背景音乐。

例如抖音，从软件的名字我们就能看出音乐的重要性，背景音乐是抖音的灵魂，背景音乐选用是否恰当直接关系到作品的热门程度。

在最初进入短视频领域时，抖音切入的就是其中的细分领域——音乐短视频。经过两年多的发展，抖音平台出现了多个领域下多种风格的内容。如今的抖音虽然已不单单是一款“音乐短视频”产品，但音乐仍是抖音不可割舍的一部分。

很多抖音热门视频背后都有一段魔性又洗脑的背景音乐，而一旦某个背景音乐爆火之后，就会被更多用户运用到自己的作品中。有很多博主并不是通过视频爆火的，而是他们的背景音乐被无数人引用，后续跟拍者回溯音乐首发者主页，就这样原背景音乐制作博主涨了一波关注。

背景音乐在短视频中起到了多重要的作用呢？相信只要看过电影、电视剧的人都能感受到背景音乐在视听艺术中占据了一个多么重要的位置：推进叙事、烘托气氛、带动情绪、引起共鸣……背景音乐的作用不言而喻。

不管是抖音，还是其他短视频平台，对于不同类型的创作者来说，背景音乐有着不同的意义。普通短视频用户出于兴趣为自己的内容匹配相应的背景音乐，或者是根据热门背景音乐匹配相应的内容。但是，对于专业生产内容的内容创作者而言，背景音乐的选取与搭配则是一件“讲究”的事情。配乐和视频画面节奏匹配度越高，整体画面就越和谐，越让人有代入感。

在选取背景音乐时，我们可以遵循以下几个原则。

1. 背景音乐的选取要符合内容主题

一般来说，美食类视频有一种抚慰人心的作用，用户很容易从让人垂涎欲滴的美食“盛宴”中，感受到一种轻松、愉悦的力量。因此，美食类短视频可以选择一些轻快、欢愉风格的音乐作为背景音乐，包括纯音乐、爵士乐、流行乐等。这类音乐与美食内容搭配后，既能让视频整体更有感染力，也能让用户跟随背景音乐捕捉到更多的生活细节。

服装、美妆类短视频的时尚属性非常明显，面对的目标用户基本都是年轻人。因此，可选择一些快节奏的音乐，如流行乐、电子乐、摇滚乐、节奏蓝调（R&B），等等。这类音乐自带时尚属性，可以与时尚内容完美契合，通过极具感染力的节奏感快速带动用户的情绪。

搞笑、段子类短视频虽然一般都以剧情为主，但使用正确的背景音乐不仅可以推动剧情的发展，还可以放大剧情的喜剧效果或是反转效果。因此，搞笑、段子类的短视频可以选用一些搞怪类型的音乐或与剧情反差较大的音乐作为背景音乐，突出反转的“笑”果。

2. 背景音乐节奏要与视频节奏保持一致

使用背景音乐的目的是让视频内容更加饱满、更有记忆点。不恰当的背景音乐反而会让用户觉得突兀，从而使视频内容大打折扣。因此，无论是哪一种类型的短视频，都应该对症下药，找到与之风格相匹配的专属背景音乐。

尤其应该注意的是，背景音乐的节奏要与视频节奏保持一致。一般来说，除了剧情类的短视频外，很多短视频的节奏和情绪都是由背景音乐来带动的。

因此，在配乐之前，创作者可以对拍摄的素材进行大致梳理，粗略把控视频的整体节奏，大概清楚视频的高潮点在哪里，转折点在哪里，哪里需要切入音乐，哪里只需要视频原音……在对视频整体节奏有一个基本把控后，再根据这个节奏去寻找合适的配乐。

3.不要过度迷信爆火的背景音乐

当某一个背景音乐突然爆火后，就会迅速“席卷”整个平台，用户每刷几条视频就能听到相同的旋律响起。

能爆火的背景音乐自然具有其能够吸引用户的特性，但是这并不代表着它本身能为所有视频带来更多的流量和热度。“匹配度”这个词非常重要，不要盲目跟风。

一方面，当一段视频的内容调性与某一个爆火的背景音乐并不搭配，或是这段视频根本不需要背景音乐时，强行搭配在一起，只会引起用户的反感。

另一方面，当一个背景音乐有了热度后，它的出现频率必然会大幅增加。短时间内，用户还会对该背景音乐保持一定的新鲜感，但只要超过一定时间段，高频次的入耳率很容易导致部分用户对该乐曲产生强烈的厌烦心理。

可以借势，但不要强贴、硬贴，如何及时而有效地评估、规避这种情况，也是创作者应该多思考的问题。

4. 背景音乐不能喧宾夺主

首先，我们要确定视频的素材比较偏重哪个方面，如旅拍、美食、搞笑记录等。然后，根据自己的领域去看一些该领域内“大神”的作品，找一下灵感。

另外，我们需要将繁多的素材通过音乐串成完整的片子，因此建议先根据自己想要的感觉挑选音乐。如果你拍了很多特写镜头，比如寂静的乡村、金色的麦田，想要唯美的感觉，就挑选抒情的音乐；如果你拍了很多酷炫的场景，比如高楼大厦、川流不息的人流、玩滑板的少年，想要酷炫的感觉，那就挑选鼓点强烈的音乐；如果你动用了航拍，远景、全景居多，或是延时镜头下的星空、朝阳，想要恢宏大气的感觉，就挑选史诗感强的音乐。

背景音乐的本质是为视频内容服务的。好的背景音乐服务于内容，与内容融为一体，突出视频主题，使视频内容更加饱满，同时也能渲染氛围，调动用户感情，让他们沉浸其中。

无论一个背景音乐有多魔性，多脍炙人口，除了本身的音乐属性外，其本质仍然是为视频内容服务。好的背景音乐绝不会“喧宾夺主”，抢掉视频内容的“风头”，而是服务于内容，与内容融为一体，为视频整体起到画龙点睛的作用。

当一个背景音乐的风格过于强烈，表达的内容过于突出，远远大于视频内容本身时，视频的光芒很容易被掩盖。对于内容创作者来说，这样的结果自然是本末倒置了。

5.注意版权信息

对于背景音乐的版权归属问题，往往是许多人的一个盲点，目前大家的版权保护意识不够清晰，因此会出现很多人“莫名其妙”就收到律师函，要求其进行侵权赔偿的情况。

我们要明确，什么情况下我们用他人创作的背景音乐是合法合规的？什么情况下是需要单独进行付费购买的？

判定是否侵犯著作权的关键，不在于使用场景，而是使用者是否取得著作权人的允许。根据《中华人民共和国著作权法》规定，以印刷出版、录音发行、公开演奏演唱、公开放送录音、广播、编配和音像混成的方式使用音乐作品，都应征得音乐著作权人的许可。

在原则上，只要是使用他人的音乐，就需要获得许可，而著作权方可以提出获得报酬的条件。像哔哩哔哩、优酷这些平台，作者发布短视频是可以间接获得利益的，应该支付版权费。

版权音乐（商用音乐）的价格没有想象的那么贵，从几十块到几百块都有，一般是按照具体用途、使用渠道、年限等标准综合报价。

因此，在进行背景音乐商用之前，要提前和原音乐创作者协商好。

打造优质封面，让用户在 2 秒内点击

视频在信息流里的最高目标就是吸引用户点击，要想实现这个目标，视频标题和封面起着决定作用。因此，要做出一个吸引人的封面，才能获取匹配的流量，甚至是超过预期的热度。

视频封面一般起着视频预告、补充标题的作用，可以传达文字无法描绘的画面感。一般情况下，大家都是将视频的核心内容，比如场景、事件现场、人物、事件主体等作为封面使用。用户在浏览时注意力往往最多只在单个信息流中停留 2 秒，因此能抓住这宝贵的 2 秒钟吸引用户的注意，触发点击才是重中之重。

视频的封面往往展示了视频中的核心画面。视频的封面如果没有选择好、处理好，即使视频很精彩也会影响用户的观看选择。

在制作视频封面时需要注意以下 5 个问题，大家如果能掌握这些内容就能使视频快速通过审核，获得更高的推荐量。

第一，不要出现花屏、黑框、模糊等现象。如果因为封面影响了用户的阅读体验，直接影响接下来的点击浏览。

第二，图片最佳尺寸是1280×720P，大小不低于50kb。清晰、高质的封面能提供更全面的信息和美感，让用户有顺畅的阅读体验，增加点击浏览的概率。

第三，封面不要添加水印、推广信息，不要使用血腥暴力、低俗色情、有歧义的图片。水印、推广信息、违法信息、“封面党”等都是各个平台重点打击的对象，出现这些因素后果更严重。

第四，封面剪裁合理，不要出现内容不全，画面变形等问题。封面剪裁失败、没处理好就拿来做封面会增加审核的难度，造成用户理解困难。用户一旦流失，推荐量也无法增长。

第五，封面做到情绪鲜明、直观明了。简洁明了的封面能加快审核速度，也有助于更好地展示内容的核心价值，用户看到封面没有理解障碍，点击观看的可能性也会更高。

能注意好以上这些问题，就能大大提升审核的速度，也能增强内容的辨识度，机器的推荐也会更精准、力度更大。

评论区是短视频的二次兴奋点

很多人问我："对于短视频来说，评论区有那么重要吗？"

评论区的主要作用就是互动，同样对视频内容产生兴趣的用户，看到前人的评论，可能会为其带来二次兴奋点。

"没有评论区的抖音是没有灵魂的。"我们在强调短视频内容的同时，也要正确理解抖音的社区属性才是其成功吸引用户的主导因素。

评论区为短视频提供了二次赋能，很多精彩的评论，升级了短视频的精髓，甚至评论的存在反而使一些短视频本身的重要性降低了。如果你留心观察，就会发现有些短视频的评论数竟然能达到100万条。

有人这样描述抖音："抖音最有趣的打开方式是，边看视频边看评论。它的每一条评论都很有意思，可能一个视频你看着很普通，但点开评论一看，你就会豁然开朗，被戳到笑点。此外就是抖音的社交属性，你可以像微信、微博一样在抖音平台上@好友，要是哪个视频没有评论区，我会直接划走不看。"

附加于内容之上的UGC，能进一步产生身份认同和归属感，甚至有了超出内容本身的价值。因此我们可以充分利用评论区的“抛梗”优势，引导评论走向，把预先在视频里埋好的“梗”通过评论区释放出来，以此让用户重新回顾视频，提升视频的完播率，引发更多的话题讨论和互动参与。

及时回复评论区留言，也可以明显增强粉丝黏性，让粉丝感觉自己充分被重视，能最低成本地提高粉丝互动值及粉丝认可度。粉丝认可度直接影响着视频的传播力和账号的涨粉变现能力。粉丝的留言率提高以后，也会提升我们登上热门视频推荐位的概率。

视频评论区，往往是新媒体运营中最容易被忽略的一部分，它存在着很多的势能潜力。

爆款视频是每名创作者都在追求的，但爆款视频创作考验的是创作团队的策划能力、拍摄能力、经验，甚至还有一部分的运气，因此不建议初入行的新手把爆款视频当作创作重心。先做好常规内容，再找机会尝试制作出爆款视频就好。

另外，我们还要了解相应的法律法规及每个平台的相关规则。政策经常会有调整，及时了解相关信息以免最后得不偿失。

第 4 章

粉丝增长：0 成本涨粉的小妙招

获取粉丝的 5 个方法：启动池，明状态，攒好感，蹭热度，扩队列。

我们都知道，在新媒体时代，粉丝量、曝光量、内容质量 3 方面综合影响着账号价值。

在上文中，我们详细讲述了该如何保证内容质量，但是往往在起步阶段，我们是没有粉丝的。一些我们平时没有留意，或者很少注意到的因素，也会影响我们的涨粉速度，甚至可以说，这些很少被人注意的点，会起到物理学里加速度的作用。

启动池：获取属于自己的第一批粉丝

这里介绍一下获取第一批粉丝的4种简单形式。

（1）利用已有账号

如果你同时有一个同品类的账号，可以用这个账号帮助你进行推广，这对我们积累第一批粉丝是很有帮助的。

（2）利用熟人圈子推广

当我们制作好视频之后可以先发到朋友圈，利用自己的熟人圈子积累用户，这样精准度会好一些。

（3）将线下的用户引流到线上

如果你是商家、个体户，可以在实体店内放置一个自己的二维码，和用户说明自己会在账号上面更新内容，当然要注意更新内容和线下用户的强关联性。比如我认识的一个朋友，是做女装批发的，一些买家想第一时间看到款式，就会主动选择关注。

（4）借助平台的活动

平台经常会有一些活动，比如世界杯期间，除了传统的电视平台，全国有世界杯版权的平台就只有两家：

一个是咪咕，一个是优酷。如果在这两个平台制作相应的短视频内容，自然而然会获得更多的流量，有些甚至是真金白银。

明状态：明确账号等级，养号提升权重

所谓账号权重，即账号的内在测量数值，它会直接影响该账号发布作品的推荐量，从而影响曝光度。而曝光度直接决定了我们的视频是否能成为爆款视频。

也就是说，账号的权重越低，则该账号发布作品的推荐量越少，曝光机会也就越少，该账号很难增加粉丝；反之，如果账号权重越高，则该账号发布作品的推荐量越多，就更容易吸引用户关注。

一般来说，可以根据账号发布的作品播放量来判断账号权重，分为以下4个等级：

（1）僵尸号

如果一个账号持续一个星期新发布作品的播放量在100次以下的，视为僵尸号，这种账号的权重几乎为0，就意味着即使该账号发布作品，平台也不会推荐。

建议：重新注册。如果满足注销账号权限，可以在注销后重新注册新账号，然后从养号开始。

（2）低权重号

如果一个账号持续一周新发布的作品，播放量在100~200次之间，则判定该账号为低权重号。一般来说，此类账号只有极少的推荐，且推荐质量不佳，如果持续半个月到一个月没有突破的话会被降为僵尸号。

建议：提高短视频制作技能，上传高质量原创作品，切勿搬运他人视频。

（3）待推荐号

如果一个账号连续发布新作品的播放量，持续在1000~3000次之间，被称为待推荐号。此类账号权重较高，一般发布的新作品会被分配到高级流量池。

建议：该阶段应该创作高质量作品或垂直领域的作品，通过各种方法提高播放量和点赞数，让系统推荐到更大流量池！

（4）待上热门号

如果一个账号的视频播放量持续在一万次以上，该账号为待上热门账号，其本身权重就特别高，离上热门只差临门一脚。

建议：找当下的热门话题蹭热度。例如参与话题挑战，与达人合拍，热门视频同款拍摄，热门音乐同款等。

以上就是4种账号权重的等级。如果你遇到低权重号或僵尸号，其实也不用着急，还可以通过养号来恢复账号权重。

为什么要养号呢？其实养号的核心目的只有一个——提高账号权重。从平台角度来看，平台肯定是希望把流量分给那些创作能力有保障、能持续发布优质视频的账号。养号能快速提高账号权重，保证账号获得更多流量。那么，什么样的账号需要养号呢？新注册的账号，注册了很久、现在想频繁输出内容的老号，被平台提醒过、降过权重的账号和一段时间视频没有推荐，类似僵尸号的账号。

新账号该如何养号？老账号又该如何通过养号提升权重等级？怎样渡过养号期呢？

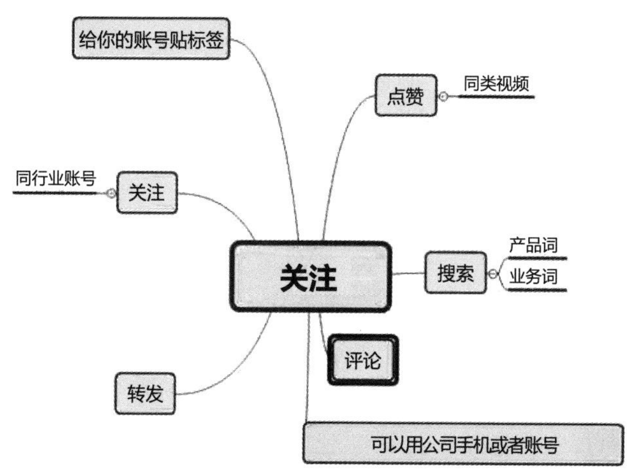

图 4-1 养号方法

（1）账号注册

不管是批量操作还是单号操作，大家需要记住一个规则，为了降低风险，这个账号只能在注册账号的手机进行登录，其余的手机不要再登录这个账号。每一个APP都是有缓存记录的，频繁切换或是非常规登录系统都会被检测到，很容易让平台误认为你这是恶意营销号，或者是发布垃圾信息的账号，严重的会直接封号。

保证一机一卡一号，千万不要多个账号在同一个手机上切换登录。一机一卡一号是最安全的方式，账号权重也不会被降低。

注册时要保证账号的基础信息完整，账号头像清晰，无第三方信息等。如果有头条、微博等第三方账号可以绑定。

（2）养号周期

每个账号大概需要一周的养号周期，只有这样才有可能获得高的点赞量和推荐量，所以不要期望一开始做就会大火。在这一周的养号期内，你发布的作品一般是不会被后台推荐到首页和用户的流量池，但是你需要每天都登录，跟其他用户进行互动，通过点赞、评论、观看来保证我们这个账号的活跃度。

（3）每天都发一点视频

养号期间需要不间断地发视频，建议每天发个 1~2 条。新号建议从注册开始就不间断地发视频，如果刚注册的新号首发的作品质量很高，那么后续这个账号会很容易火起来。我们注册的新账号发布的前 5 个作品是非常重要的，不要去乱发一些营销广告，这样会影响你的账号权重。

如果你想大批量地运作短视频账号该怎样做呢？你同样需要先养好所有的账号，模拟真人行为，不要一开始就一连串地发很多视频，这样可能会被系统直接降低权重，认为你是营销过度，从而不给你推荐。

系统每天上传视频的数量是有上限的，正常人都是两三天发一个视频或是每天发一个视频，也就是说每天发 1~3 条原创视频也是可以的。养号期间，可以查看其他用户的作品，也可以点赞他人的作品。除此之外，还要有正常的留言互动。

（4）要常去“附近同城”逛一下

你需要常去“附近同城”这个页面逛一下，看到他人的作品可以点赞、评论、转发。你还可以多去高人气直播间，在那儿挂上半个小时。这样系统会更认可你是真人操作，不是水军或机器号。

（5）坚持扩散每一个新发的作品

发布作品后，你可以让别人帮你点赞或转发，增加账号的活跃性，如果你的播放量达到了一万以上，你就要坚持做下去，账号在权重上已经达到高级段位。

为什么很多人玩不火短视频，最重要的就是没有掌握好养号的细节，尤其是新注册的账号，一不留神就会被降权、被限流、被封号，这样的号哪怕再养几个月可能也是无效的。

为什么我们能够在一周时间内做出30万粉丝的短视频账号，而且都是非常精准的粉丝？

核心在于，我们每一步都做得非常到位，注重实际操作中的每一个细节。短视频最重要的就是养号，而且养号的方法也非常简单，即使是没有操作过的新人都可以独自完成。会养号的人，几天就可以打造出几万到几十万的粉丝账号，不会养号的人可能几个月也打造不出来一个几万粉丝的账号。

攒好感：利用核心用户，完成粉丝暴涨

前面我们已经讲过了如何通过内容打造爆款，相信通过前面的介绍，大家也了解到，靠内容涨粉，是最靠谱、最有效、性价比最高的方式。

然而，爆款的产生除了内容外，还有一个很关键的核心因素——核心用户的挖掘和捕捉。

早在2017年，一则标题名为《情人节毁掉女友所有化妆品，想分手就照着做》的视频就一夜之间火爆全网。

视频发布之后，凤凰网、腾讯视频、秒拍、美拍、微博视频等众多视频平台纷纷推送，视频相关搜索达728000余个。

据第三方某数据检测平台不完全统计，这条视频在微信公众平台阅读量的排名居当日最高，而当时的账号的粉丝数量，只有一万名。

通过数据我们可以看出，只有一万名粉丝的账号发布的内容，仅在微信端就产生280万人次的观看，而这280万人次的观看，继而撬动了全网的关注。

可见，精准的核心受众可以创造出无法估量的价值。

图 4–2　爆款视频数据

做内容的人都知道爆款有多么重要，一个爆款内容可能会产生亿级的流量，与此同时产生的实际经济价值更是十分惊人。

粉丝获取、流量最大化、品牌曝光、转化到线下等，几乎所有你想要得到的，一条爆款基本上都可以实现。

是不是只有入行多年的成型团队才能制作爆款呢？

其实不是，只要足够重视核心用户，新手小白也一样能做出传遍全网的爆款内容。因此，基础用户的忠诚度很重要。在短视频这个行业中，用户的忠诚指的是用户是否能直接和视频内容产生联系。更简单地讲，就是通过一条作品，创作者能引导多少属于自己的用户产生互动。互动，在打造爆款的过程中十分重要。

首先我们来回顾视频发布的流程。视频发布之后，平台首先会把视频推荐给基础用户，也就是已经关注了我们的人。所有爆款视频的第一波流量，都来自基础粉丝。

哪怕你只有一个粉丝，但只要内容足够有趣，触及了这个粉丝的兴趣点，他看了视频以后觉得很有趣，便会分享到自己的圈子。

这样，就可能引发更多的人看到，而在这些人中，又有几个人觉得这个视频很有趣，他们继续转发，那么第二波流量就变成几十个用户，他们继续转发，继续扩散……

每次分享裂变的流量都是呈几何倍数增长的，流量是涨粉的关键，核心用户就是你的天使投资人，如何获得他们的芳心，是0成本涨粉的关键。

蹭热度：学会借势，寻找新的曝光点

中国互联网行业及传媒行业中的从业者，相信对“借势”这个词并不陌生，每个互联网时代的品牌都需要通过营销来展示自己。

短视频行业日渐成熟的今天，在没有外力做依靠，单纯靠自身制作运营能力单打独斗取得成功，俨然已经成为上一个内容时代的方式。在条件允许的情况下，视频创作者完全可以通过“借势”，让自己的账号与内容快速成长。

在视频的创作过程当中，作者们都希望自己创作的每一个作品能够成为爆款，然而现实是我们每一条视频在制作、运营、发布的过程中，大部分都不会如自己所愿。作者们对于爆款内容的追求从来不会停止，但爆款内容历来也都是可遇不可求。

所以，创作者在创作的过程中，一方面要做好自身的本职工作，打磨好每一条视频内容，从小事入手。另一方面，在打磨制作爆款的同时，也可以通过“借势”来完成流量和用户的获取。

1.选择与你的账号领域相同的大号进行有趣评论

选择与你的账号领域相同的大号进行评论，在其他博主那里引起大家对你的好奇，从而达到推广吸粉的效果。评论的时候不要简单地评论几个字，比如“说得太好了”“喜欢”“为你点赞”等，没有人会看这样的评论。这样的评论只是为别人的视频增加评论数，对自己而言没有任何意义。

什么样的评论才能吸引人呢？吸引人的评论需要结合自己视频的特点，比如加入有趣搞笑、触动心灵的文字、“金句”改编等特质，这样的评论更容易引起别人的注意。

这就需要我们平时多积累素材，不能完全照搬他人，要加入自己的观点，保持自己的独特性，只有有趣应景，才能真正让用户成为铁杆粉。

2.选取热门话题发布同款内容

我们可以在标题引导语中@某些大流量的知名账号或话题的发起者，在标题引导语中也要加入话题的名字，也就是“#”+“话题名称”。当有用户点击这个话题时，你的视频内容就会被收录进这个话题。

在选定热门话题之前要做好监测，分析热门话题和自己的视频内容风格是否矛盾。一般情况下，平台的热门排行榜都会以“#+文字描述”的形式发起话题，话题的参与人数很多，创作者要想在同一话题内容中脱颖而出，还需要运用恰当合理的运营方式。

3.发布内容时@名人，争取和明星进行互动

发布内容时@名人，争取和明星进行互动。比如近

来关注度颇高的李雪琴，她在发布内容时就经常@名人，当她@吴亦凡时，吴亦凡通过视频与她做了互动，使李雪琴获得了巨大流量。同时，郭艾伦等一系列名人也都和李雪琴进行了互动，李雪琴通过借势创造了自己的势，这是十分成功的。

4.邀请其他账号点赞互推

你可以在平台内找到和自己内容风格契合的其他视频创作者，彼此互推，这样两个账号把流量集中到一起，把没有重叠的粉丝向对方导流，形成双赢的局面。这里要提醒大家一下，互推的前提是双方受众和用户风格接近，并且双方账号粉丝、流量量级尽量不要相差太大。

2016年，我们在和京东的一次互推合作中，通过百万大号为几个合作方引流，当时产生的流量效果还是比较成功的，可是后续的转化并不是很理想。后来我分析了下原因，主要有两点：一是我们在同一时间向多家合作方倒流，用户会不知道该去关注哪个；二是账号量级相差太大，对于跨品类、跨平台的异界倒流损耗就会被放大。

借势的过程相对来说比较简单，但是在执行的过程当中会有很多小细节。对于每个小细节创作者们都要保持小心谨慎的态度，一步走错，可能一次借势所付出的时间、精力就白费了，只能寻求下一次另一个热门话题合适时重新再来。无论是在哪个平台，都要依靠用户来为创作者们借势。与其他KOL一起制作互动内容，可以把受众的群体放大很多。

扩队列：扩内容作品线，获不同阶层人群

如何获得不同阶层的用户人群呢？

在短视频创作的过程当中，每名创作者都有属于自己的目标用户，每一条视频内容的产品线也都有自己的目标人群。对于创作者而言，除了依靠内容吸引目标用户，其他用户有没有必要获取呢？答案是肯定的，任何一个用户，哪怕不是你的目标用户也要尽可能地争取过来。

图 4–3　目标用户

对其他行业来说，目标用户越精准越好，不是精准

用户的价值很低。但在新媒体领域恰恰相反，吸引任何一个用户都是有价值的。“有钱的捧个钱场，没钱的捧个人场”，这句话在新媒体领域依然适用，对街头艺人而言，不给钱的人为什么也需要呢？

街头观众都有爱聚堆的从众心理，如果街边有一群人在围观，其他人也会想看看这群人热火朝天在围观什么，人越聚越多，基数增加，转化率也会增加，愿意掏钱捧场的观众也就多了。

在新媒体领域，精准的目标用户固然是根本，可目标人群以外的用户增加了，不仅解决了平台账号粉丝数量提升的问题，而且用户数量越大说明账号的权重也就越高。从算法角度来讲，用户数量越多，视频发布之后的先期浏览量也就越高，获得的推荐量自然要比用户量小的账号多。

大家都知道，大部分街头卖艺的艺人都是路走四方，天涯海角任我行，没有固定的演出地点和演出时间，因此每次观看演出的人几乎都是变来变去的，没有“铁杆观众”。而且，街头艺人的表演大都是苦练多年的，开发新技能需要的时间太久，如果每天都给同一群观众表演一样的内容，大家都会厌烦。考虑到以上问题，我们需要扩大内容线。

1.通过单条内容产品线获取不同阶层人群

视频内容产品线的受众是固定的，那么怎样通过一条内容产品获取不同阶层的人群呢？这十分考验运营者的功力，视频创作者可以把视频内容的受众开放，这并不影响受众，而是在保证受众喜爱的视频风格的前提下，让不是我们受众的用户也喜爱我们的视频。

最简单的方式就是增加视频内容的风格化。以吐槽类影评为例，它以评论电影为主要内容，其受众主要是对电影感兴趣的人或资深影迷。吐槽类影评的关键点在于吐槽，而吐槽风格属于搞笑品类，是娱乐化内容的代表，因此吐槽类影评的关键属性即搞笑和影评。

影评是创作者获取核心受众的主要来源，而搞笑的属性并不垂直，是一个很“泛”的涵盖，让不喜欢电影的用户产生转变很难，但是可以把“搞笑”这个点升级，不断增加吐槽点，将搞笑的内容最大化，使笑料更好地融入视频当中。

这样就可以通过搞笑，吸引很多愿意看“笑料”的人，从而扩大阶层用户的类别属性。

2.通过多条视频产品线获取不同阶层人群

通过多条视频产品线获取不同阶层的人群更简单，简单来说就是多做几个号，成为矩阵，不喜欢看影评类的用户去看音乐类，不喜欢音乐类的用户去看美妆类，不喜欢看美妆类的用户可以去看农村田间故事。

（1）扩容原本的内容线

如果创作者选择了多条视频产品线获取不同阶层的用户，一定要尽量避免用户获取重叠的现象发生。比如你已经有一个泛娱乐的汽车测评账号了，视频属性是搞笑+汽车评测，在这个基础上，最好就不要再选择严肃类的汽车测评了。

因为两个账号的本质属性都是汽车，吸引到的用户从根源上讲都是相同的，这就很容易出现用户重叠的现象，这时你可以通过汽车扩大内容方向，比如车内饰品的选取、车内保养的细节教程等。

以车为出发点，扩大配套服务，喜欢了解汽车性能的，一般以男性居多，而在意车内饰品、车内保养的，大部分都是女性。通过扩大内容线，就可以把原本的女性用户也转变成目标粉丝，从而扩大粉丝量。

（2）用不同风格化的产品线建立强联系

简单地讲就是做不同类型的号。

过程很简单，就是多条产品线内容做互推导流，在打造作者自己的流量池中，通过多条不同风格的产品线获取到更多不相重叠的非目标用户，非目标用户的价值在于运营者的引导和梳理。

我们可以根据视频品类给对应的粉丝做细分，比如关注了体育类账号的粉丝很可能也对汽车测评、潮鞋分享感兴趣，因为大部分关注体育类的人，性格中多了一些硬朗，他们大多也对汽车测评、潮鞋分享感兴趣，这就是兴趣推导法。

同理，我们也可以通过年龄对粉丝进行细分。比如用护肤类的账号和母婴类的账号做互推，分类依据是设身处地地思考、关注母婴类的粉丝画像，她们处于备孕期，或者刚刚结束分娩，大部分是熟龄女性，她们更在意皮肤的抗衰紧致状态。

我们还可以用美妆类和明星八卦类的账号做互推，追星迷妹们的年龄普遍较低，她们的生活场景更多是相互“种草”眼影盘，推荐彩妆日化，所以在美容类的细分中，她们会更喜欢美妆“种草”类账号。

通过梳理产品线，确定用户画像后，我们可以区分出用户年龄和用户偏好，完成账号的导粉引流。

当然，利用不同风格的产品线获取用户的效果会好一些，同样，建立的矩阵也一定会更多更精细。这份工作并不会白做，因为矩阵账号的搭建可以让我们矩阵内每个账号的活跃度都得到提升，最典型的例子就是东北酱在洛杉矶。

该博主通过记录Vlog的形式，引出不同的邻居，而每个邻居又分别有属于自己的视频账号，以他们个人为主体，又带入更多的人员，这就自然而然地形成了一个关系十分紧密的账号矩阵。

每个邻居都有不同的性格，不同的职业，不同的生活方式，所以这样做还直接完成了账号内容线的多维度发展。他们的账号之间相互作用，用户往往是看其中一个人的账号，就下意识地想看和它相关的更多的账号，这时候就不知不觉地关注了越来越多的同体系账号。

因此，建立矩阵账号群，无论是对后续的变现，还是对账号的发展都能起到非常有效的帮助。

第 5 章

用内容升级应对涨粉停滞

巧妙改变内容形式，打破涨粉停滞困境。

当你做到了前面所讲的内容后，相信你已经积累了一定的粉丝。这时，你会迎来粉丝停滞的困境。经常有人会问我这样一个问题："我的粉丝涨到一定数量以后很难再涨了，每天基本都不变，我该怎么办才能让粉丝继续增长呢？"

其实，很多视频创作者在创作的过程中都会遇到瓶颈，造成粉丝增长变缓的原因可能有很多因素，所以我们需要逐一进行分析、排查并解决。

做点小改变，加入一些新鲜感

要想让粉丝在几万个，甚至十几万个账号里找到你的关键就是你的昵称，它是你的“身份证”，所以不管怎么提升新鲜感，昵称一定不要变，可以进一步完善账号的头像封面。

这就相当于去汽车4S店给全车做贴膜，这种小改变，让人眼前一亮。

当粉丝对一成不变的封面审美疲劳的时候，可以更改一下视频封面的风格，或者改变视频拍摄的场景。比如，原来是一个粉色的背景布，后续可以变成灰色、黄色、绿色；原来只有人像做封面，后续可以变成人像+文字展示。

虽然只是这么一点小小的改变，但是对提高用户活跃度，增加新鲜感来说，已经足够了。封面图和头像是辨识账号的一个主要因素。用户打开一个短视频账号，吸引他点击的动力除了内容就是头像和封面图了。

选取图片时要符合两个原则：符合身份特征、图像清晰美观。常见的选取头像和封面图的方法有5种。

（1）**使用真人照片做头像和封面图**

真人头像可以让用户直观地看到人物的形象，拉近用户和自己的心理距离。例如，情感类短视频账号“七舅脑爷”“末那大叔”、段子手“papi酱”和靠换装走红的“刀小刀”，这些账号都使用了真人头像。

真人头像最简单也最易用，就像是微信的个人头像，会让用户对你有更直观的了解，有助于个人IP的打造。

（2）**用图文标识做头像和封面图**

用图文标识（Logo）做头像和封面图可以明确短视频的内容和方向，有利于强化品牌形象。以“澎湃人物”为例，这个账号讲的是各个明星的故事，通过拆解各个明星的故事来完成对明星的介绍。因此，“澎湃人物”这个名称和头像，可以很直观地让大家了解，这个账号到底是干什么的，减少认知成本。

这种图文形式非常直观，有力地强化了品牌形象，如今大热的电影解说类账号“×××分钟说电影”用的也都是这种图文标识。

（3）**使用短视频的动画角色做头像和封面图**

用短视频中的动画角色做头像，有助于强化角色形象。例如“一禅小和尚”，就是用动画角色做头像。主人公一禅是一个聪明可爱的6岁小男孩。一禅因为被阿斗师傅捡到并收养，所以自小在庙里当和尚。一禅喜欢问师傅问题，每次师傅都会讲出一些道理，帮助一禅成长，这些场景就形成了“一禅小和尚”这个账号的主要内容。

用动画角色做头像类似于前面讲到的用真人照片做头像，只不过主体从真人变成了动画人物，其本质都是人物的照片，能直截了当地点明了内容主题。

（4）使用账号名做头像和封面图

账号“英皇电影”和“吃垮银川”都是用账号名做头像，背景为纯色，突出字体，很直观，能够强化账号IP。在封面选择上也可以不断强调账号名，加深用户印象。

（5）使用卡通图片做头像和封面图

使用卡通图片做头像即选取一个和自己账号的内容、方向相符的形象做头像和封面图，例如“桃桃种草”“爱做饭的芋头SAMA”，其头像的形象符合其短视频的风格。

反思内容，变形式不变核心

一个账号的粉丝增量变缓，很有可能是之前关注你的粉丝的活跃度逐渐降低，他们在习惯了这种视频带给他们的信息和感受后产生疲倦感，或是在同品类视频中出现了更让他们喜欢的视频。

在短视频行业中，用户是可以具有重叠性的。即使是品类、形式、风格都基本一致的两名视频创作者，创造的视频内容、节奏也都会有很大区别，他们可能会很像，但一定不一样，用户是可以让两种同类型视频同时存在的。

我说的同品类视频的竞争指的是，有其他创作者创作了这一赛道的作品，让用户观看以后觉得这类视频他们才是更专业或节奏更好的，用户更愿意观看。用户也会反复根据自身的喜好来做出选择，当两款优劣明显的视频放在一起时，用户当然会靠向自己更喜欢的一方。

这个时候我们就要思考，是因为视频的形式、节奏、背景音乐、配音等细节处理不恰当造成用户不喜欢，还是因为内容的干货太少或风格化内容太少。如果内容风格呆板固定，前期用户觉得新奇，但后续用户也许会产生倦怠感，或者说用户从一开始就没有从内心真正喜欢，这些是都有可能的。

仅凭一期或两期的视频内容是看不出问题的，经过一段时间连续发布视频后，我们才有可能从中发现一些问题，创作者需要在创作运营的过程中不断地调整和优化。在面对不同问题的时候，我们要冷静地思考是哪里出现了问题，要站在用户的角度思考问题，这样才能避免当局者迷。

这个时候我们还可以进行“人设升级”，引入新鲜元素。比如原来是单人口播“种草”推荐，后面就可以变成情景剧模式的生活分享，变形式而不变核心。

新粉增长停滞，注重老粉二次激活

当增长停滞的时候，“促活”就显得很重要。

“促活”在互联网领域中是一个常规的运营手段。对于短视频行业来说，用户沉淀积累的过程是大家都经历过的，在沉淀新用户的过程中，老用户的活跃状态会逐渐地下降。

对于一个账号而言，粉丝一部分是老用户，一部分是新用户，虽然老用户已经关注这个账号很久了，但依然要保证老用户对新制作的内容充满兴趣。为了带来新鲜感，我们可以在视频中加入一些小的节奏变化和规则

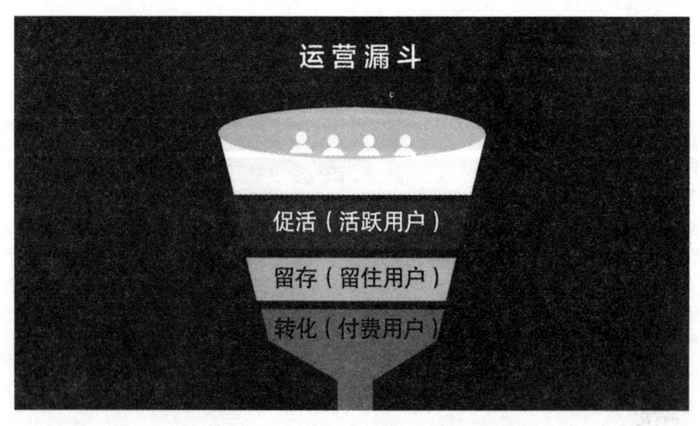

图 5-1　运营漏洞的层次结构

变化。具体应该如何做呢？

（1）有针对性地发布消息

有针对性地发布消息就是在私信、评论、回复时，我们要做到“有血有肉”，让用户感觉到你是以朋友的身份跟他进行交流，而不只是回应。

其实在很多平台，对于你对用户评论回复的多少、你针对性消息发布的多少，也有一个考评，这种分数可能你在前台看不到，但是你越多地跟用户互动，你的权限也会越高。

（2）设置讨论的话题

做短视频最怕视频播放完大家就关闭了窗口，没有任何评价。用户看完不想参与任何讨论，也完全记不住你是谁，这该怎么办？

如果你留意观察，就会发现很多短视频最后都有一个环节，就是跟大家互动，比如“看完关注我”然后跳出一个头像关注的图，或者是在视频末尾留一个问题，让大家帮忙出主意。

用心设计一个可以让大家一起互动的环节，吸引粉丝的效果肯定要比你单纯输出内容要好。

不要低估用户创作的力量，如果你看过热门视频，就会发现这样一个现象，很多用户的评论比视频还要精彩。

这时，用户和创作者的角色反过来，用户已经不仅仅是内容的浏览者，还是内容的创造者，能为视频加分。

（3）定期举办活动

我们需要定期对粉丝进行回馈，这样会加深粉丝对我们的感情。

这里的活动不一定非是物质上的互动，比如可以这样说："评论区点赞最高的一位，可以获得我的关注。"这样也会大大提高粉丝们的参与热情。

（4）粉丝的沉淀

现在越来越多的人开始意识到私域流量的重要性，明白有一个自己的铁粉群，对后面的整体运营起到非常关键的作用。这些粉丝可以和我们有更近的接触，让我们的运营人员第一时间接触到用户的反馈，进而完成更多的互动。

重视数据，让数据反哺内容

如果说传统行业有账本的话，那么在短视频领域，数据就是我们的当家账本，我们一定要重视数据。

与之前的视频时代相比，短视频的制作形式更多变，内容更丰富，视频时长更短。各大短视频平台也基本以“更轻简”为主要形式，那么创作者在创作的过程中务必要思考这一问题：怎样才能在最短的时间内快速抓住用户的痛点？对于很多内容创作团队来说，找到最合适的内容方向、呈现方式是最难的一个问题。专业的内容生产团队，在内容和运营上都做得很好，而刚入门的“小白”在短时间内也很难快速积累流量并做好转化。

视频内容是通过互联网的多分发渠道面向用户的，创作团队通过制作更符合用户喜好的视频，来获取大流量并完成流量沉淀。

基础用户池越大，一方面对于变现能产生更大的帮助，另一方面在下一次做推送时的基础流量也会越大。初期在内容上积累流量，后期才能实现更好的转化，对于账号的成长、提高变现的效率、品牌口碑的确立都有很好的帮助。在垂直细分领域的用户群体中，团队的数据挖掘能力也是对一个团队专业性的考验之一。因此，我们需要通过数据来不断地调整，更灵活地制作短视频内容。

短视频在推送之后，会产生实时数据，一般情况下，推送后的48小时之内的数据变量的浮动是最大的，通过对这些数据的监测，我们能得到各项反馈。在发布之后，要注意统计实时数据和增长速率，对后台的数据做好监控，对导出后的数据进行分析和整理，通过这些我们可以收获很多有价值的信息，这对视频创作者来说是宝贵的财富。

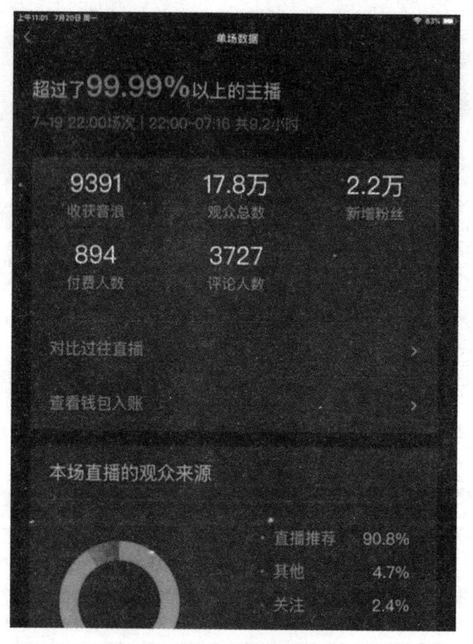

图5-2 实时数据

很多时候，在一期视频发布之后，我们对下一期视频发布的内容是什么，侧重点是什么，在脑海中已经有了一个大致的方向，但落实到具体的操作环节，还需要依靠数据的分析，数据是我们调整内容方向、选题、风格节奏的重要参考指标。我们可以将实时的互动数据保留好，每周做一次整体分析，然后每个月、每季度、每半年做一次统计分析，这样我们就能够知道这一条视频产品线的优缺点在哪里，受众的喜好和需求是什么。

粉丝增长数、视频的播放量、评论量、点赞量、转发量、收藏量、用户评论的风格等，都是需要我们重着重分析的数据。

数据分析及后续的应用是一门很深且专业性极强的学科，不同的数据在每个阶段的变化，都要参考，而且具体的类别形式、发布时间、引导方式都是参考项。数据分析是一个十分庞大且复杂的工程，在这里给大家举几个例子简单地说明下情况。

比如，一条视频在早上 8 点做了发布，发布后的 3 个小时之内各项数据的比率都比较接近平均值，在发布 5 个小时之后，视频的各项数据忽然升高，在发布的 6 ～ 12 个小时又逐步降低，这说明这条视频的内容是充分得到用户的认可的。该条视频的内容引导及发布时间都没有问题，唯一的小缺憾就是“没后劲儿”，导致增长有限，那么创作者在之后的内容制作过程中，要尽量找一些话题矛盾点作为选题，还可以做一些少量的投放，因为也可能是基础流量不足导致的视频基础推荐受到了限制。

再举个例子，一条视频的播放量及点赞量都高于平时的平均量，而评论、转发数量增长数低于日常平均的比率，这说明该视频的内容让用户感到新鲜有趣，但只是“看个热闹”，并不会产生与视频创作者互动的欲望。因此，视频创作者可以在之后的内容制作过程中，在保证内容新鲜有趣的同时，有目的地挑选更深刻的话题。当然，这也可能是因为视频内容让用户觉得有强烈的距离感。因此，我们要做好与用户之间的互动引导，引导可以加在视频当中，也可以在封面图、标题、评论中带节奏，拉近视频与用户的关系。

在视频中加入带有槽点的选题内容，能够与用户聊天或能让用户自主讨论的话题都可以增加互动，转发、收藏等用户互动行为能够更清晰地体现出用户对于内容的认可程度，视频的播放量是短视频内容流量的考核标准之一。

通过对这些互动数据的详细分析，就可以直观地了解到用户喜爱什么类型的内容。风格、形式、选题内容，包括日后的变现，都可以在用户喜欢的前提下进行。

明确关键指标，专心提高完播率

对于运营人员来说，有一项必须修炼的功夫就是数据分析，不论是做微信公众号、新媒体、微博，还是做短视频，都需要数据分析。通过对运营账号的后台数据进行分析，不断优化选题内容，提升粉丝黏性，增强自身竞争力。

短视频运营分析的主要数据包括播放量、评论量、点赞量、转发量、收藏量、完播率等，一条短视频好不好通过这几个指标基本上就判断出来了。

1.视频播放量

播放量是我们分析视频时最直观的数据了。一条视频的好坏，可以从播放量直接表现出来。视频的播放量意味着内容的曝光量，也就是说我们可以通过视频播放量直接估计出有多少人看了这个视频。

播放量也直接与经济效益挂钩，播放量高收取的广告费自然就高。

我们做短视频，在分析视频数据的时候也一定会分析视频的播放量数据。那分析视频的播放量就只是看看播放数据而已吗？

答案显然不是。对于做短视频运营的人来说，我们对视频播放量的分析绝不仅仅就是看看播放数据，而要通过分析播放量高的视频找到共同的规律。

数据是最客观真实的，而规律也是不以人的意志为转移的，找到了规律就意味着找到了成功的大门。做短视频，一定要尊重数据，尊重规律。

图 5–3　通过视频播放量，复盘视频的成功因素

比如，我们收集前 100 个播放量高的视频，分析这些视频的选题内容、标题关键词，可以得出用户对哪些选题内容比较关心，标题到底定多少个字最好，在一次次的对比中，我们也能总结出标题中含有哪些关键词视频的推荐量会比较大。

这些都可以通过对视频播放量的分析得到，通过数据分析发现的规律可靠性更高，对指导我们日后的工作有着重要的参考价值。

2.视频点赞量

经常刷短视频的小伙伴们会发现这样一个现象，就是我们在刷小视频的时候，看到自己喜欢的视频会情不自禁地点赞，或者有些小视频更是直接引导用户点赞。那么点赞究竟意味着什么呢？

现在有一个流行的词叫大数据。为什么要谈大数据呢？因为现在大家都明白用户流量抢夺非常厉害，各个平台都想给用户带来好的体验，其中的一个方法就是利用大数据技术分析用户喜好，给用户贴标签。

说到这里，很多人会疑惑，平台究竟是如何给用户贴标签的，又是如何给用户推送喜欢的内容的呢？平台会利用大数据技术记录、分析每个用户浏览的内容，对用户点赞、留言、收藏的内容进行分析，然后给用户贴标签，后期再给用户推送内容的时候就会直接推送类似的内容，吸引用户的眼球。

所以，很多人在做短视频的时候，都会引导用户点赞、评论，就是因为用户点赞、评论后，下次再打开软件看视频的时候平台会直接推荐与上次自己点赞的内容相关的视频。从这个意义上看，大家就明白用户点赞之后的意义了。

另外，更重要的一点是，用户的点赞量会直接影响视频的播放量。以某短视频平台推荐机制为例，视频的点赞量越多，意味着用户的喜爱程度越高，那么视频的推荐量也会呈几何增长。

3.视频评论量

新媒体的一大特色就是传播者和受众之间的双向互动性，这相较于传统的大众媒体来说，是无法比拟的。用户看到视频内容后，借助视频下方的评论窗口可以直接发布自己的观点，评论会直接提升用户的参与感。换句话说，某个视频的用户评论量越多，说明用户越关注视频内容。

因此，分析视频的评论量对于优化视频的选题内容、提升粉丝的黏性有着重要的意义。

有一点我们要注意，视频内容或标题引起争议才会有用户评论，有用户评论才会有更多的人关注。这会持续形成一个螺旋式的传播过程，以至于其他用户在看视频的时候即便对视频内容不感兴趣，但好奇心也会驱使其到用户留言区看看，或者自己也评论一下。

这样一来，就会吸引越来越多的人来围观这个视频，视频的播放量也就不断得到提升。

4.视频转发量

新媒体还有一个显著的特点就是分享，也就是我们常说的转发。用户看到好的视频之后会情不自禁地转发这条视频，分享给自己身边的亲朋好友，这样视频就会形成一个裂变式的传播。用户的转发对于提升我们的视频播放量有着非常重要的影响。

对于一些社交电商或者线上销售的行业来说，转发的意义还在于，可以为我们吸引更多精准的粉丝，提升我们的粉丝量和营销的精准性。从长期来看，对我们的粉丝转化也非常有帮助。

5.视频收藏量

用户的收藏行为能极大地说明视频内容对于用户来讲非常有意义，并且在收藏之后用户还会产生再次观看的行为。

同时，收藏对于创作者而言是用户极大的认可，有收藏行为的用户与视频账号存在隐形关系的可能。基于对数据的分析，可以让创作者在内容策划时根据不同时期的需求调整内容，收藏量高的作品在一些品类中的转化效果也会更好。

6.完播率

怎么让视频快速上热门？点赞率和留言率越高，越容易上热门，点赞率和留言率都是以播放量为总量做出的数据。

视频的播放量、评论数、转发量等数据能够体现出用户对于视频内容的喜爱程度。

视频播放的完成率在当下的视频平台算法推荐机制中是重要的指标。对于内容创作者来说，视频的自有基础流量是团队自己的粉丝运营完成的，而平台衡量视频的推荐量重要的参考指标就是完播率，也就是用户平均观看视频的完成程度。

比如，视频发布后，系统自动推荐了500人进行观看，有400人看完了视频总长度的80%，并且进行了评论、点赞、转发、收藏等互动行为，那么推荐机制就会觉得这是一条好视频，就会推荐到5000人。相反，假如有60%的人选择3秒划走，那么系统就会认为这是一条差视频，不再进行推荐。

完播率和留言互动数，是短视频推荐机制的关键，因此创作者需谨慎选择发布长视频。

图5-4　四大正反馈考核维度

7.退出率

退出率就是无法完成有效播放，它和完播率正好相反。

一般退出率过高的原因有两个：一是视频的内容没有引起用户的共鸣，用户没有看下去的欲望，对视频无感，自然就会划过。二是在视频发布的运营技巧上存在问题，比如封面图、标题无法直接满足用户的需求点，或者和视频内容不相关，使用户产生了巨大的心理落差。

如果拥有一部分的基础用户，还有平台的流量推荐，播放量却很糟糕时，就是用户无法完成有效播放导致的。对于创作者来讲，关注也好，转发也罢，播放才是最重要的流量环节，播放都无法实现，其他都是空谈。

8. 发布时间和增长曲线

每个平台都会有自己的流量高峰时间，在流量高峰时间段里发布内容能获得更多的曝光量。为了弄清楚流量高峰时间，对于不同的平台，我们可以用人工的方式去记录一些数据。

比如，我们尝试过在各个时间段在今日头条去发布内容，看一下哪些时间段能够获得高的推荐量和播放量。像腾讯、爱奇艺这样的平台，我们先会人工去观察平台的数据增长曲线。刚在腾讯平台发布时并不能马上获得较高的播放量，这样的平台可能需要一周的时间才能看到视频的数据增长情况。

推荐平台的数据增长量大都是在24小时之内，过了这个时间点数据量不会再有很明显的增长，而在媒体平台可能某些很早的视频在某一个时间点会突然发生增长的情况。

通过数据我们可以做一些评估和分析，转发+视频发布后可以看出哪个时间段转发数量是最多的，这样就可以分析出是第几波流量让视频播放量增加得最多。我们就可以依此判断出，这条视频是流量阶段性成长，还是现象级增长了。

了解受众，不能只局限于对其行为习惯的了解，还要做好区分，通过后台的粉丝画像来制作视频。比如针对女性，可以推出情感类、穿搭类、美妆类的视频；针对男性，可以推出汽车类、地产类的视频。

每一个视频的数据都是独一无二的，数据能够帮我们不断地优化视频内容质量，确定方向及选择内容。

新媒体行业其实是两项工作，制作和运营。无论是图文时代还是短视频时代，很多创作者都把精力全部放在了制作上，而忽视了运营，以至于很多人认为运营的工作就是起标题和发布内容。

其实不然，运营和制作同等重要。一个真正懂运营的人和懂制作的人在一起，考验的就是团队的磨合与策划营销能力。只懂制作不懂运营就是一个能做出视频给自己看的团队，只懂运营不懂制作就是连视频都没有，所以运营与制作一定是捆绑在一起的。

数据的价值非常大，无法用钱来衡量，一个创作团队只有通过对数据的分析才能少走弯路、不跑偏，否则浪费的就是时间、精力、金钱和机会。

第 6 章

团队打造：人才的排兵布阵

打造优秀团队的 4 个方面：编导、演员、摄影剪辑、运营。

我见过一个人拍摄短视频的，也见过两家百人公司合并拍摄短视频的，他们都发展得风生水起。可见，短视频拍摄就是一个丰俭由人的活儿。因此，我们完全可以根据自己的情况，自行调节拍摄运营的精细度。

对于个体短视频创业者来讲，难的并不是技术，而是持续生产优质内容的灵感，每期要拍不一样的内容，而一个人的创意是有限的，所以这就需要团队的力量。

团队搭建：1个人够用，100个人不多

在微信公众号的新媒体时代我们常说，做好公众号的一般是两类人：一类是互联网人出身，一类是媒体人出身。因为互联网人懂得搞流量，媒体人懂得做优质内容。

在短视频领域什么样的团队是最好的呢？我认为不能一概而论，主要是看你做的内容是哪个方向的。如果只是日常搞笑类的，一个大学生一部手机在寝室里面就能拍。可如果是情景短剧式的，就需要有服装、化妆、道具、灯光、编剧、导演、摄像、后期等负责人。

由此可见，短视频团队真是可大可小，大到一个公司不嫌多，小到只有一个人不嫌少。

但是我们一般不建议一开始就动用大团队，把项目变得非常“重”。

起步阶段，越“轻”越好，主要是找感觉，找节奏，找调性，定风格。当从“新人”变成“老人”以后，对短视频的理解也慢慢成熟，这个时候，组建团队才是你最需要的。

1. 老导演就比中学生有优势吗?

这里有一个很大的误区值得一说。

一些老板认为短视频就是缩短的长视频，自己身边又有很多拍过电影、电视剧的朋友，就让他们来拍摄短视频，甚至是从电视台“挖”来一些朋友做短视频，这是非常不可取的。因为在外行看来，“拍电影、电视剧和拍短视频没什么区别，都是玩视频的，我找不来张艺谋、冯小刚，我就找个其他导演来”。实际上，在细分领域，这完全是两个不同的体系。无论是玩法，还是策略，完全不一样。

也许你找了一个从业 20 多年的老导演，还赶不上一个 15 岁的中学生拍出来的视频点击量高。

另外，如果你是老板，想做短视频服务于自己的企业，面临很多应征团队，你最需要做的不是听理论，而是看他们以前的“战绩”，有没有实力，看的就是以往操盘的账号粉丝有多少。这是最直接的度量衡。

2. 拍短视频需要几个人?

很多刚开始做短视频的人把握不好团队需要设置哪些岗位。在起步阶段我们首先需要考虑的要素是能够投入多少资源，期望收获什么，投入资源的多寡决定了团队的配置。一般初期团队配置完备的甚少，2~3 人比较常见，后期根据账号的发展再进行调整即可。

当然目前有不少账号属于单人作战，这个时候就需要一个人自编、自导、自拍、自演、自剪、自运营才能把账号做好，缺少任何环节账号都很难做大。

我们先来看一些企业化运营短视频的团队组成。

表 6-1 企业化运营短视频的团队组成表

高配	中配	低配
编剧	内容运营	自编、自导、自演、自拍、自剪的超人小编
导演		
道具		
运营		
演员	演员	
化妆		
配音		
美工	视频制作	
剪辑		
摄影		

再来看一下专业化的短视频团队业务流程。

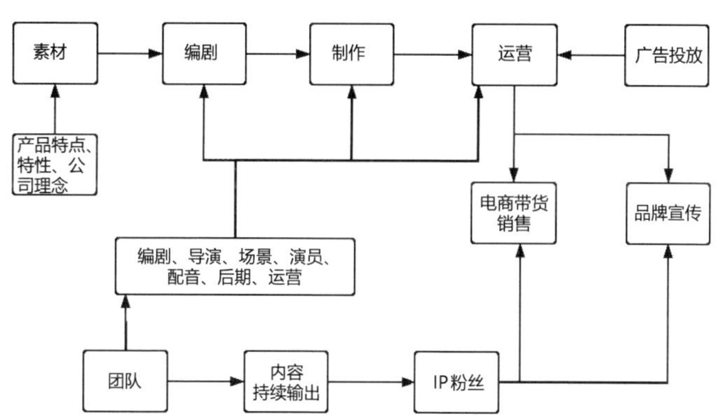

图 6-1 短视频团队业务流程图

大部分短视频拍摄运营是由以下几个岗位组成的：内容策划、编导、演员、运营、摄影、剪辑、招商商务。这 7 个岗位是一个短视频团队必备的，但往往团队里的每一个角色，都会身兼数职，所以大家可以根据自己的定位，做相关的调整。

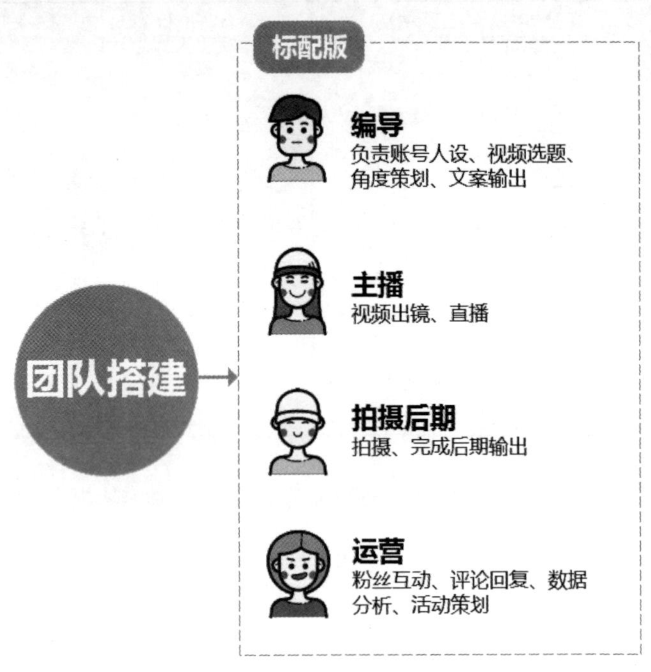

图 6–2　团队搭建标配版

编导：核心内容策划也是好编剧

内容策划作为非常重要的角色，一定要具备“网感”，要能快速地捕捉热点，了解热门的段子并进行创作。

如何判断一个人是否有网感呢？我们可以通过一些小问题来做判别。比如，你的手机都下载了哪些APP？微博最近的热点有什么？哪些话题违反了国家相关规定？

视频策划要根据视频受众的特征，确定视频风格及创作内容的方向。短视频从内容上可以分为四种类型：泛娱乐类、知识类、生活类、商业类。

泛娱乐类的受众相对比较年轻，喜欢吐槽和恶搞，这类受众占据了互联网上的大多数。这类短视频的策划，需要了解受众喜欢的话题，提出创意的想法，对视频内容的要求就是“有趣”。知识类视频的受众相对比较理性，喜欢博学及经历丰富的主讲人，对视频内容的要求就是“有料”。对于生活类视频来说，受众比较注重的是“有用”。对于商业类视频来说，受众比较重视的感觉是“有关”。这些技巧对于视频拍摄具有十分重要的指导意义。

在一个短视频创作团队中，编导是最高指挥官。短视频编导，相当于传统影视作品中导演的位置，他的主要工作内容包括：执行策划、脚本创作、确认镜头分镜和部分剪辑工作。

虽然是短视频，时长不过十几秒，最长也不过几分钟，但里面需要表现的内容却必须完整，信息密度很大，同时还要注意埋梗，要吸引用户注意，并引导用户转发。因此，这个岗位对于视频的整体规划提出了更高的要求。

在一个团队里，编导往往是万金油，除了策划以外，包括设备、场地、选景等一些较杂的活儿，一般也都由编导做。因为不可能每个环节都由具体的人负责，所以说编导就是团队的项目负责人。

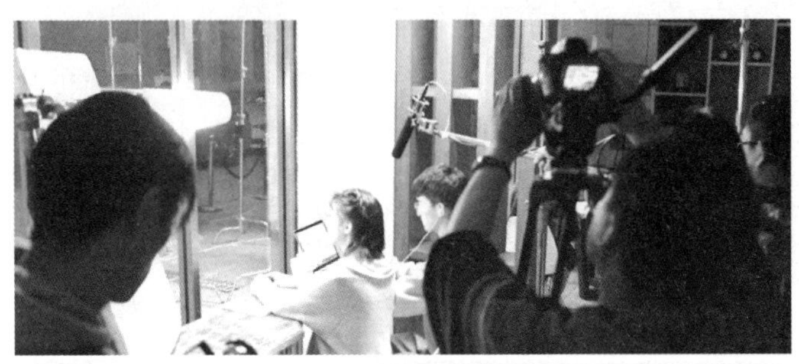

图 6–3　视频创作团队

作为项目负责人，就要具体把握项目的管理，比如今天的视频一共要拍几个，怎样去协调项目的全职人员和兼职人员。编导还要具有临时应变能力，比如马上要开拍视频了，但是场地的相关事宜出了问题要能够及时处理，协调各方面人员保证工作进程。

一个优秀的编导要具备以下4种能力。

（1）优秀的脚本创作能力

脚本是视频拍摄的基础，视频拍摄需要有一个脚本来进行指导。一个好的脚本会对摄影师和演员起到明确的指导作用，会使视频拍摄工作顺利进行。编导进行脚本创作时，需要结合剧本及视频的整体风格，对镜头长度、景物、配乐、构图等多个细节进行精心设计，以便增强作品的表现力。

（2）强大的承压能力

在短视频创作过程中，编导需要面对投资人及合作伙伴的时间压力、财务负担和观众的负面评价，等等。编导要想顶住压力，将项目持续进行下去，强大的心理素质必不可少。

（3）独立判断能力

在团队中，一切工作都由编导来做最终决定，所以编导决定了整部作品的水平。由于各方面条件限制，经常会出现突发事件影响编导的工作节奏。因此面对众多外界干扰，需要编导坚持自身的审美趣味，做出优秀的作品。

（4）艺术审美能力

视频作为一种传播形式，是需要一定美感的。因此必要的审美能力也是编导不可或缺的素质之一。

编导是一个团队的绝对核心。作为短视频创业者，在视频拍摄初期，能选择专业的编导是最好的。编导不一定非要科班出身，但是创意和热情是必不可少的。短视频的受众不是看视频有多专业，而是看视频是不是有用，是不是有趣。

为了保证策划和编导思考方式的统一性和执行的贯彻度，策划和编导一般都由同一个人担任，或者是同组人担任。

演员：非专业演员也可以成明星

一般来说，演员的性格和表现张力，决定了短视频的调性，是搞笑，是稳重，还是呆萌可爱。

在不同类型的短视频中，对演员的要求也存在着显著不同。比如在脱口秀类视频中，需要演员做出比较夸张的表情，可以惟妙惟肖地诠释台词；在故事叙述类视频中，演员的肢体语言表现力要强，对演技要求较高；在美食类视频节目中，对于演员的要求是传达食物的吸引力，经常选用体型相对胖些的演员，因为他们更容易突出主题；一些生活技巧类、科技数码类，以及电影混剪等视频对演员并没有太多演技上的要求。

许多想要进入短视频行业的演员经常会同传统的专业演员相比较，感觉自己并不适合做短视频拍摄。

其实，这么想是因为对短视频行业不够熟悉。专业演员有专业演员的优势，在一些注重故事情节的视频中，采用专业演员是不错的选择。但是其他短视频类型对演员的要求相对低得多，只要演员不惧怕跟各岗位人员沟通，不怕镜头，心理素质较强，可以应付拍摄期间编导和摄像的基本要求即可。

短视频重在趣味和真实，“素人”往往有“素人”的优势，他们的反应往往更加真实。短视频本身就是以记录生活为特色，而不是角色扮演，每个人的生活经历都是独一无二的，所以一定不要妄自菲薄，觉得一定要多夸张、多搞笑才行。

做最真实的自己就好，如果想提升话题度，可以通过充分发掘自身性格特质，放大特色项，来提升表现张力。

在录制视频前夕，新手演员难免会出现紧张的情况。这是十分正常的现象。演员在平时不录像的时候，可以多背诵台词，扫除紧张情绪，争取在视频录制期间做到不怯场，不丢失重要信息。

如果想做类似优秀脱口秀主持人的视频，则需要多模仿，多找他们的视频反复观摩，学习台词、节奏、表情，等等。通过不断总结经验，得到提升。

如果碰上非要“表演”的片段，多沟通、多想象也是一个快速融入的好办法。在拍摄之前，和编导、摄像及其他部门多沟通，只有充分理解了编导的意图，才能在真实的表演经历中有目的地发挥，顺利完成拍摄。

想象力是在表演时对剧本进行自我改造再创作的过程，可以根据编导提供的框架，在有限的环境条件下将剧本中一些抽象的、书面的事物表现得更加具体和生动。

摄像剪辑：好摄像和好剪辑往往融为一体

视频是拍出来的，视频的表现力及意境都是通过镜头语言来表现的。一个好的摄影师可以通过镜头来完成编导规划出的拍摄任务，并给剪辑留下非常好的原始素材，节约大量的制作成本，并完美地实现拍摄目的。

市面上大部分短视频团队，基本会把摄影师和剪辑师这两个岗位合二为一，原因是自己拍出来的东西自己剪辑效率比较高，还有就是明白剪辑时需要什么，在拍摄的时候会刻意拍摄。

图 6-4　剪辑师正在剪辑

因此，短视频的剪辑师需要负责的工作有：

• 负责短视频拍摄，后期的视频剪辑、合成和输出。

• 拍摄现场统筹及进度把控，协调与沟通制作过程中的相关环节；完成制作全过程，保证成片质量。

• 对各种素材包括文字、图片、视频等按照编辑规定进行有效处理。

一个优秀的摄影师和剪辑师应该具备怎样的能力呢？

1. 快速反应能力

拍摄现场常会出现各种问题，比如天气忽然变化、设备缺失、演员情绪无法充分调动等，这时候摄影师就需要具备快速反应的能力。

拍摄完成之后，剪辑师会按照编导的想法进行后期制作。因此剪辑师与导演的交流是确定后期制作方向和风格的关键。在这个阶段，剪辑师需要具备的能力就是快速记忆、理解，对于一些不清楚的细节要进行最终确认。

2. 好脾气，有耐心

通常情况下在工作中，即使一段短短的视频，也需要好几个小时才能拍摄、剪辑完成。碰上要求较多的客户，往往需要反复修改，剪辑师常常在电脑前持续工作很多个小时，因此必要的耐心不可或缺。

3.好的审美能力和情绪调动能力

审美能力是摄影师和剪辑师的基本能力。场景布置、灯光柔和度，还有在拍摄过程中对演员细小情绪的捕捉、对画面和谐度的整体把控等，都需要好的审美能力做支撑。

拍摄和剪辑就好比建造宫殿的过程，把零散的素材整合在一起，成就一个完整的作品。对于短视频来说，作品的亮点和高潮都由剪辑师来负责。剪辑师对于整个作品要做到抑扬顿挫，哪里应该添加音乐，哪里应该添加特效，哪里的节奏应该快，哪里应该放慢，都在于剪辑师的计划之中。

4.对各类如软件熟悉

比较常用的剪辑软件有Premiere、Edius、Photoshop、3Dmax、Aftereffect、Vegas等，作为一个剪辑师，能够精通使用这些软件是从业的基本要求。

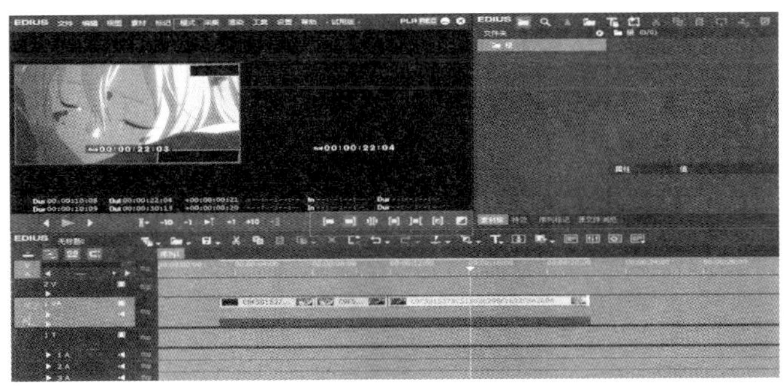

图 6-5 短视频剪辑软件 Premiere

运营：打造下一个爆款的关键

有很多人不懂，运营到底是做什么的。简单来说，运营的作用是总控全局，弄明白一个爆款为什么能爆，总结提炼，分析关键点，形成一套理论系统，为下一个爆款做准备。

在短视频领域中，运营的工作主要包括以下几个方面：结构定义、账号运维、数据分析和反馈。

1.清晰结构定义

结构定义，不单单指视频结构的定义，还包括账号结构的定义。

视频结构定义指定义视频的内容，账号结构定义指定义账号内所有视频的主调性。在流量视频时代，泛娱乐化、去同质化是我们视频运营突围的最好方向。

除了选题、拍摄、制作等相关工作之外，运营也十分重要。视频运营人员的工作重心也正在于此，是花费时间和精力最多的地方之一。

2.熟练账号运维

账号运维指的是账号的运营和维护。让账号内的视频品类垂直，是所有运营工作的重点。

熟练掌握账号运维需要了解不同平台的算法逻辑，针对不同平台推出不同的运营方向，清晰用户结构，使账号IP能更加精准地开展粉丝营销，做出更容易吸引精准用户的产品，从而形成自己的社群，实现长期的营销转化。

此外，还要注重用户互动和反馈信息整理，策划用户活动。

3.明确数据内容，及时反馈分析

所有的平台都需要数据化运营，好的运营一定要明确关键数据。比如我们需要了解某一条视频全渠道的播放量、单渠道的播放量、评论收藏量等，明确数据情况，分析数据背后的内容趋势。

分析数据之后，针对数据分析的结果，我们要更倾尽全力地做好下一步的战术反馈，要找出影响这些点的因素，针对我们制作的视频进行优化，对粉丝进行试探和进一步开发。

我们不仅要实时关注互联网粉丝市场的动态，还要多留意平台方的动向。互联网行业虽不是寄生于平台，却与平台有着千丝万缕的联系，我们要时刻保持危机感。

说了这么多，可能很多人还是感觉一头雾水，简单来说，账号运维包含两点：输出流量和收割流量。其中输出流量在短视频领域的要诀在于标题，但是在小视频领域则在于内容。

大家在学习这本书的过程里，就充当了一个运营者的角色，这个学习的过程和记录下来的重点，就是运营的思维模式，大家起到的作用就是总控全局的运营作用。

其实每一个做视频的创作者都需要具备“视频策划和剪辑包装”的基础技能，不要求全部亲力亲为，但是起码得明白怎么做，能搭得上手。如果作为一名短视频从业者不了解短视频的整个生产流程，不知道每一个操作节点，那他怎么去彻底地理解好自己在整个团队中承担的角色的意义呢？

每个运营者都需要有基本生产视频的能力，要了解一条视频从刚开始定义，到用户的反馈，这是从 0 到 1 的过程。

对于一家企业来说，最难能可贵的是人才。同样，对于创业者而言，合适的合伙人也是非常难得的。真格基金创始人徐小平曾说：“合伙人的重要性超过了商业模式和行业选择，比你是否处于风口上更重要。”

无论是独自负责全局的你，还是做大做强不断精细化的你，都由衷的祝愿你，找到适合的专业人才，拥有靠谱的合伙人。

第 7 章

视频脚本与拍摄器材

用心进行脚本编写，合理选择拍摄器材。

视频质量是短视频的生命，是实现短视频传播的保障。

但是，想要拍出好片子，就必须要高成本、大制作、强本金吗？是不是预算不足，就拍不出好片子，就肯定爆不了呢？怎么做才能利用最小的成本，拍摄出观众最喜欢的短视频呢？

脚本编写：细节决定短视频成败

互联网短视频的兴起，彻底改变了人们的生活，经过近3年的发展，短视频用户规模已经超过8.5亿人。

短视频的内容创作充满了多元性，大部分用户对于短视频的拍摄、剪辑、配音等制作过程并不了解，这也造成了短视频内容的制作标准普遍不高，使得其他行业的从业者认为短视频行业门槛低，毫无技术性可言。

然而等到大家真正开始做的时候，首先难住的不是账号定位，也不是视频剪辑，而是写脚本，很多人完全不知道脚本到底该怎么写，也不知道脚本的作用是什么。

脚本由来已久，它一直也是电影、戏剧创作中的重要一环，可以说是故事的发展大纲，用来确定整个作品的发展方向和拍摄细节。

简单地说，脚本就是我们拍摄视频的依据。一切参与视频拍摄、剪辑的人员，包括摄影师、演员、服装师、化妆师、道具准备人员、剪辑师等，他们的一切行为和动作都是服从于脚本的。

什么时间、什么地点，发生了什么，镜头应该怎么运用，景别是什么样的，服装、化妆、道具的准备，都是根据脚本来创作的。

拍摄短视频，尤其是有剧情的短视频时，切记不要想到哪里拍到哪里，盲目地拍摄会造成素材的冗杂和浪费，也无法保证短视频的质量。

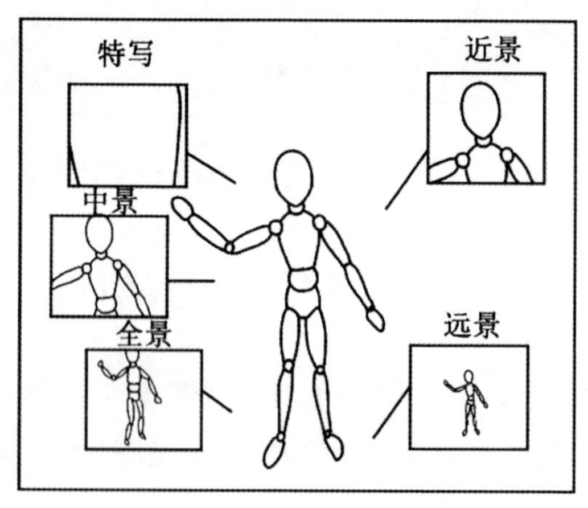

图 7–1　取景分类说明

以剧组为例，除了剧本，还有拍摄计划和通告，为的是让所有工作人员明白在工作环节中每个不同的时间节点要做什么。一般在剧组中，工作人员人数多，工种繁杂，为了避免在执行上出现问题，每个人的工作计划都要做得十分细致，制定相关分镜和对应人员配置的清单就叫作脚本。

相比传统影视剧，短视频的制作过程要更加精简轻巧，所以刻板应用这些流程的话会让人觉得极为繁重。

因此，我们可以做简略版本，只要列出演员名单、剧情、拍摄方式、拍摄时间、参加人员、拍摄地点、道具等项目就足够了。脚本可以起到理清思路，精细统筹的作用，可以避免我们在拍摄时由于种种原因出现的遗漏镜头或手忙脚乱等现象。

在视频脚本中要交代清楚拍摄方式和分镜头。在创作初期，创作者在策划一条视频时，脑海中一定要做到“有画面”，也就是说成片是什么样的在脑海中已经播放过很多次了。可是别人并不能100%了解你“脑海中的片子”，所以要在脚本中交代好拍摄方式是哪些，哪个演员说了台词之后镜头怎么衔接，甚至是后期的剪辑包装要怎么做。

影视行业中，编剧会和导演沟通，现场导演拍摄素材，再由导演、后期导演、编剧、后期人员进行剪辑包装。对于短视频行业来讲，只是把这些工作合并到一起进行，并没有省略哪个步骤。人们看到了这个脚本，就会明白你的意图，不会有太多偏差。

表 7-1 某方便面广告分镜头脚本

镜头	摄法	时间	画面	解说	音乐	备注
1	采用全景，背景为昏暗的楼梯，机器不动	4 秒	两个女孩A、B忙碌了一天，拖着疲惫的身体爬楼梯	背景是傍晚昏暗的楼道，凸显主人公的疲惫	《有模有样》插曲	女孩侧面镜头，距镜头 5 米左右
2	采用中景，背景为昏暗的楼道，机器随着两个女孩的变化而变化	5 秒	两个人刚走到楼梯口就闻到了一股泡面的香味，于是飞快地跑回宿舍	昏暗的楼道，与两人飞快的动作交相呼应，突出两人的倦意	《有模有样》插曲	刚到楼道口正面镜头，两人跑步侧面镜头
3	近景，宿舍，机器不动，俯拍	1 秒	另一个女孩C在宿舍正准备吃泡面	与楼道外飞奔的两人形成鲜明的对比	《有模有样》插曲	俯拍，被摄主体距镜头 2 米

（续表）

镜头	摄法	时间	画面	解说	音乐	备注
4	近景，宿舍门口，平拍，定机拍摄	2 秒	两个女孩在门口你推我搡地不让彼此进门	突出两人饥饿状态，与窗外的天空相互配合	《有模有样》插曲	平拍，被摄主体距镜头 3 米
5	近景，宿舍，机器不动	2 秒	女孩 C 很开心地夹着泡面正准备吃	与门外的两个女孩形成对比	《有模有样》插曲	被摄主体距镜头 2 米

视频脚本中最核心的部分就是剧本内容了。无论是否带有剧情都要依托于剧本，剧本的水平高低直接决定视频内容的品质。

脚本是什么，是视频的立足点，在脚本之上搭积木，如果脚本不牢固，这个视频也的确没什么看头了。短视频平台本身的特性，很大程度上决定了短视频和影视剧在脚本写作手法上的差异化。

传统意义上的剧本细节拍摄节奏很慢，比如影视剧和舞台剧，它们在很多情节和细节的拟定上，都将拍摄者与观看者的关系确定为表演者和观众。因此，这些表演必须一板一眼，节奏也掌控得特别专业，束缚性很强，有明确的规律。这些规律很烦琐、很复杂，听起来很麻烦，而对于短视频来讲，这些繁重的规则，恰恰是要规避的。

在互联网中，用户对于陌生产品都是不友好的，短时间内要想拉进与用户之间的距离，就要把我们的视频内容做降维处理，以一个朋友的角度来切入，这对于视频传播会产生很好的帮助。

降维处理虽然可以做，但该有的表现手法不能省略。剧情类的内容讲究"起""转""承""合"。

"起"对于短视频来说是很重要的，一条视频的前3秒就决定了用户的停留时长，人物、画风、BGM在这3秒钟都是加分项。短视频的特性如此，要是你打开一个视频刚播放没几秒就让你觉得无聊，你也不会再看下去。

"起"之后，推出剧情的高潮部分，你要描述视频的关键点，矛盾点、反转剧情等最强烈的部分，这就是"转"。

回想一下曾经流行过的爆款短视频，它们的共性是基本都会有反转、反差或是一些很令人疑惑的情节存在，也只有这样才能更广泛地引起大家的兴趣，颠覆预期，耳目一新的内容往往会让用户观看完视频。

"转"的水平高低，决定了用户是否买账和这条视频是否能产生更大的价值。

大部分"承"起到了注释的作用，反转之后发生了什么，发生的部分就叫承接点。

最后是"合"，视频创作者经常讲究落板落在哪，落板在不同的位置，最后给观众的感受也是不一样的，是温情，还是搞笑；是让人落泪，还是引起愤怒。你想要表达什么样的重点，就让落板落在哪里，落板相当于小说的大结局，是用来点明主旨、突出中心的。

短视频脚本十分考验一个创作者的内功，有些短视频脚本不过寥寥数百字，拍出来的却是一个热门爆款；有些脚本冗长的堪比连续剧剧本，费心费力拍完后反响却很一般。

编剧行业有这么一句话：看完本子之后觉得自己也能写，每个字都认识，可是把这些熟悉的字组合到一起，这门手艺自己却怎么都学不会。

内容的创作、脚本的梳理，离不开天赋与时间的累积。我们在保持敬畏心的同时，也要进行积极地练习和尝试，不要被自己幻想出来的困难打倒。

如今大家一提到脚本，往往第一时间想到去网上搜一堆看似专业的脚本，比如某某镜头多少秒，这种枯燥复杂的脚本形式，看似极为专业，实则在误导人，让很多人一下子就失去继续创作的动力。这种脚本存在的意义是为了帮助摄影师或剪辑师更好地完成导演的意图，属于拍电视剧或电影里细致化工作的其中一环，并不适合现在的短视频拍摄。

其实对于短视频小白来说，写脚本并不难上手，可以按照下面“三步走”的方法完成短视频脚本。

1.明确主题

每一条故事类短视频都有它想要表达的主题，可以表达为梦想拼搏的不易，也可以表达异地恋爱情的艰辛。我们在创作脚本时，首先要确定我们要表达的主题，然后再开始短视频创作，因为之后一切的工作都要围绕这个主题展开。

2.搭建故事框架

有了基本的主题，接下来的工作就是把它一步步细化。首先是搭建故事框架，这一步要思考的是如何用一个故事来体现这个主旨。

在这一环节中，人物、场景、事件都要进行设定。比如视频主旨是表现异地恋的艰辛，那人物设定可能就是一对青年恋人因工作或学业必须分居两地，事件则可能是女生在生病时无人照料，男生的关心不能及时送到等。

在这一环节，可以设置很多情节和冲突来表现主题，最终形成一个故事。

3.充盈细节

细节决定成败，对短视频来说也一样适用。一个好的短视频和一个差的短视频可能有相同的故事梗概，它们真正的差距在于细节能否打动人心。

细节最大的作用就是加强观众的代入感，调动观众的情绪，有了这些细节人物就会更加丰满。

至于什么镜头多少秒，什么景别出什么镜头，术业有专攻，你的剧情如何在镜头上呈现，那是导演的事。

如果又编又导，那就不需要写脚本让别人看了，脚本存在于你的脑海里，你只要写一个自己能看得懂的草稿就可以了。使用类似的简单粗暴脚本的名人还不少，比如大家熟悉的papi酱，完全是即兴发挥，她的脚本上只有台词，和word文档里的发言稿一样。

器材选择：拍短视频不用“长枪短炮”

短视频行业的独特性在于“重策划，轻器材”。

对于专业的内容创作者来说，高标准制作的短视频内容反而会拉远用户与创作者之间的距离，因为一板一眼的拍摄与剪辑手法容易给用户心理造成内容不贴近生活、来自摆拍等隐形印象。所以很多短视频创作者在视频的拍摄、制作过程中，选择了降维。

在器材选择方面，如果是普通人做短视频，则预算从简，能不花钱就不花钱，能少花钱就少花钱。总体来说，拍摄短视频最常用的设备有 3 种：手机、相机和摄像机。

表 7–2　各种拍摄设备的优缺点

种类	优点	缺点
手机	方便携带，价格实惠，操作简单	像素低，容易出现噪点
单反相机	携带方便，拍摄画质好，手控调节力强，镜头多	价格贵，操作性差，拍摄时间短
业务级摄像机	电池蓄电量大，可以长时间使用	体型大，价格昂贵，画质没有相机好，操作性差
家用DV 摄像	小巧方便，清晰度高，稳定性强，操件简单，可以长时间使用	价格很高

1. 手机

很多新手在刚开始拍摄短视频的时候，总觉得应该选择单反相机或摄像机才能做出好的视频作品。

其实不然，对于新手来说，很多拍摄的技巧、景别的选择、镜头的切换等并不是很娴熟，所以对新手来说在刚开始做短视频的时候建议选择手机。

可能很多人会觉得用手机拍摄短视频显得比较低端，但实际上手机能够帮助我们解决很多拍摄问题，而且现在的智能手机照相和拍摄技术也是非常的棒。

手机的最大特点就是方便携带，我们可以随时随地进行拍摄，遇到精彩的瞬间就可以拍摄下来永久保存。

图 7–2 手机拍摄

但是它也有不足之处，因为不是专业的摄像设备，它的拍摄像素较低，拍摄质量不高。如果光线不好，拍出来的照片容易出现噪点。

2.单反相机

图 7-3　单反相机

单反相机是一种中高端摄像设备，用它拍摄出来的视频画质比手机的效果好很多。如果操作得当，有的时候拍摄出来的效果比摄像机还要好。

单反相机的主要优点在于能够通过镜头更加精确地取景，拍摄出来的画面与实际看到的影像相一致。

单反相机具有卓越的手控调节能力，可以根据个人需求来调整光圈、曝光度，以及快门速度等，能够比普通相机获得更加独特的拍摄效果。它的镜头也可以随意更换，从广角到超长焦，只要卡口匹配完全可以随意更换。

但是单反相机的价格比较昂贵，普通玩家如果只是想尝试短视频拍摄，单反相机的性价比相对较低，它的体积较普通相机来说比较大，便携性比较差。而且，它的整体操作性并不强，如果是初学者可能很难掌握拍摄技巧，很多人出现入手即闲置的情况。

还有一个问题是，单反相机拍摄完需要将作品传到电脑里，用电脑完成后续剪辑，单反相机拍摄默认构图比例是16:9的横屏画面，而目前流行的短视频软件主张3:4的竖屏内容，如何在不损伤内容的前提下把横屏转换为竖屏，对大多数非专业剪辑的普通人而言，又是一道难题。

3.摄像机

摄像机大致可以分为业务级摄像机和家用DV摄像机两种。

业务级摄像机比较常见于新闻采访或大型会议活动。它的电池蓄电量大，可以长时间使用，并且自身散热能力强。

图7–4 专业摄像机

业务级摄像机具有独立的光圈、快门及白平衡等设置，拍摄起来很方便，但是画质没有单反相机好。业务级摄像机的体型巨大，拍摄者很难长时间手持或者肩扛，而且它的价格昂贵。

家用DV摄像机小巧方便，家庭旅游或活动拍摄可以使用，其清晰度和稳定性都很高，方便我们记录生活。尤其是它的操作步骤十分简单，可以满足很多非专业人士的拍摄需求，并且内部存储功能强大，可以长时间进行录制。

辅助器材的参考选择

拍好视频最基本的要求就是不抖！想要拍摄一部好的视频往往需要长时间保持一个姿势，时间长了手臂就会非常酸痛。而借助自拍杆拍摄时，为了降低抖动频率移动就要很缓慢，这使得很多好看角度和绝美瞬间无法被拍到，绝佳的创意也可能得不到施展，这时你就需要请一些防抖设备出场了！

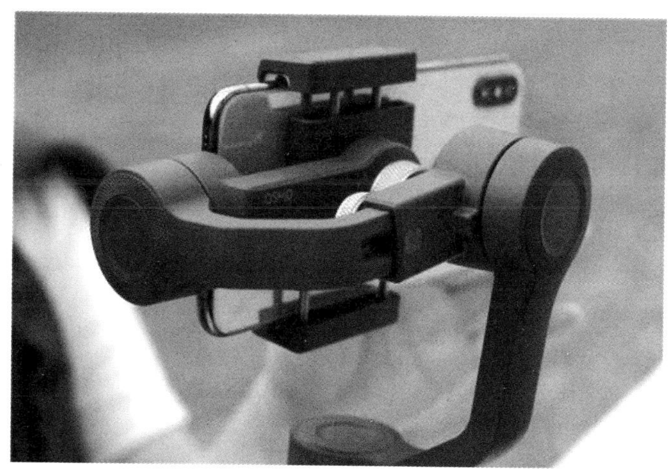

图 7-5　手持云台

1. 手持云台

相信经常看主播户外直播的观众对手持云台并不陌生，它体积小巧，使用方便，把手机或相机放上去固定就可以开拍，无论你怎么动，画面绝对不抖！现在市面上有许多手持云台能够跟焦稳拍，轻巧便携，可单手操作。还能够轻松应对各种复杂拍摄场景，解锁许多种拍摄的可能性和玩法，充分满足短视频专业拍摄的需求。

2. 八爪鱼三脚架

有时若要长时间在某个地方静态拍摄，如延时拍摄车流或云彩，即使稳定器够轻巧，长时间举着也会累。三脚架总能在延时摄影、长曝光、拍摄星轨时大显身手，是专业摄影和摄像必备的器材。

图 7–6　八爪鱼三脚架

“八爪鱼三脚架”顾名思义，是可以像八爪鱼一样吸附在任何地方的三脚架。它体积小，重量轻，三个“脚”可以任意变换造型，可以随心所欲地固定在任何物体上，你甚至可以将它作为一个自拍杆来使用。

但三脚架的三个“脚”需要放置平台，完全张开之后很占空间，在海边的乱石堆、在护栏边、在狭窄的走道都很难架设机位，并且大多数三脚架的重量也不小。

3.广角镜头

如果你想进一步提高视频精美度，可以考虑入手一个广角镜头。广角镜头适用于拍摄较大场景的视频，如建筑和风景。广角镜头视野宽阔，从某一点看到的实物范围比肉眼看到的要大得多，并且清晰范围也广，画面善于夸张前景和表现景物的远近感，有利于增强画面的感染力，视觉效果更加震撼。不是只有相机才可以拥有广角镜头，现在越来越多的手机都带广角镜头，手机外

图 7-7　手机配置广角镜头

置镜头其实不算全新的数码配件，但是实际操作起来还很好用，比较便携也更方便摘卸。

4.外接麦克风

在画面的稳定程度和广阔程度都得到保证之后，声音的质感也是很多专业视频拍摄者要考虑的部分。其实市场上许多手机和相机的收音效果都还不错，但在嘈杂的地方，这些设备的收音还是显得比较薄弱，比如市场、广场、步行街等。这时可以外接一个麦克风，能使你在视频中的声音变得更加清晰。

图 7–8　手机外接麦克风

5.GoPro和无人机

如果拍摄户外场景，比如骑自行车拍摄，或者是大江大河、海景全景拍摄时候应该怎么办呢？这时候可以试试用GoPro和无人机来拍摄户外运动场景，会更便携方便。

图 7-9　GoPro

图 7-10　无人机

GoPro的最大特点是用于一些极限运动中，例如滑雪、潜水、跳伞、冲浪、极限自行车等，可以把它绑在头上、手臂上、自行车上……能够不用借助他人来记录自己一次又一次危险而又刺激的极限挑战。

在短片中加上航拍的镜头就会显得更有气势。使用真正的飞机航拍，成本大，而且程序复杂，还要受制于天气，对于普通人而言不现实，航拍飞行器在花费上就会少很多，并且拍摄出来的画面效果也不错。

高端选手：根据预算情况选设备

如果对于各类器材的作用依然不太明确，那么我们可以从实际预算出发，根据自己或团队的预算情况、人员专业程度来进行设备和配件的选择。

（1）0元预算

所谓0元预算，就是使用手机进行视频的拍摄。对于一个刚起步的短视频创作团队，没有多余预算的时候，可以考虑用这种方式节省开支，然后把全部资金都放在视频内容的创作上。

因为对于一个初期的创作团队，对摄像设备上的要求还不是特别高，现在的手机摄像功能基本可以满足创作的需要。

所以，如果团队初期资金不是很充足的话，就可以使用手机来替代其他拍摄设备。

（2）3000元预算

虽然手机的视频效果并不是很差，但与专业的摄像设备之间还是有差距的。

因此，在团队发展到一定程度时，如果工作室的面积不大，对动态镜头的要求也不高时，就可以考虑购入一台微单相机，例如佳能G7X微单相机，有自然美颜功能，价格也比较实惠，是很多达人的普遍选择，而且操作便捷，对使用者要求也不高。

（3）5000-10000元预算

如果准备做一些街拍视频或是实验类的节目，对拍摄设备的要求比较高时，在预算允许的情况下，可以购入单反类相机，或者专业类摄像机。

一个人做剪辑：剪辑软件推荐

做短视频，自然避免不了使用剪辑软件。

这里主要介绍手机剪辑软件，如果你是专业人员，可以直接跳过这一章节，专业人员主要使用Adobe Premiere 和 Final Cut Pro X，这两者都是电脑版，相比手机上的剪辑软件，这两款软件会更为复杂。

手机剪辑软件的好处是：一方面它们提供了非常多的模板，可以快速进入设计状态，不需要再去做太多的创意；二是设计制作很简单，基本上拖拽、插入、删除就能完成大部分操作，适合普通用户操作；三是相关热门素材和背景音乐更新得都很快，省去了我们单独找素材的时间。

好用的手机剪辑视频软件有VUE、小影、猫饼、快剪辑、InShot，剪映等，这些软件在手机APP市场都可以下载。下面具体介绍每款软件的特点。

（1）VUE

VUE是一款短视频拍摄和剪辑软件，2016年、2017年连续两年被评为APP Store十佳应用，并且一上架就拥有超过120个国家和地区的编辑推荐。

无论是简单的操作，还是电影级别的滤镜，都让VUE从众多视频剪辑APP中脱颖而出。VUE可以任选拍摄长度，调整短视频画幅，消除视频原声，添加贴纸与趣味背景音乐，还拥有非常贴心的美肤功能。

（2）小影

小影是一款综合性的手机视频剪辑软件，可一键制作相册MV。软件滤镜丰富，有修剪、分割、复制、变速、调色旋转等多种功能。可以直接为视频添加本地背景音乐。

它的优点是功能丰富，视频制作与分享一体化，可制作画中画视频，可以为视频添加文字、动画等特效。缺点是制作的视频默认会带有水印，需要付费才能去掉。

（3）猫饼

猫饼添加文字的样式的丰富度和调整的自由度是同类型APP中做得比较好的，它不只拥有许多精心设计的文字样式，还可以自己选择字体和颜色，同时添加多条文字的操作也十分方便，非常适合为短视频配字幕。

除了滤镜、视频长度、字幕等基本功能外，用户还可以通过“连剪、快剪、跳剪”等炫酷的剪辑方式来制作趣味视频，并分享到猫饼的内容社区中。

（4）快剪辑

快剪辑不仅完全免费且无强制水印，还有丰富的剪辑教程，我自己用的最多的就是这个，可以很快地制作出爆款短视频和Vlog作品，记录美好瞬间，做自己生活的导演。

（5）InShot

InShot有大量动感贴纸，也是最近特别火的一款视频剪辑APP，短视频平台上不少热门的视频都是用InShot进行后期制作的。基础剪辑功能InShot全部涵盖。

InShot最大的特色之一就是内置多种多样的动态贴纸，包括可爱表情、潮流quote和一些特效贴纸。这些贴纸大部分都是免费的，贴纸和字体也都支持从外部导入，操作方便。

（6）剪映

剪映是由抖音官方推出的一款手机视频编辑工具。可用于手机短视频的剪辑制作和发布，是很简洁的一款工具，操作无任何难度。支持的功能还是比较多的，贴纸、边框、文字添加及背景音乐。可以选择的素材也很多，而且都是免费使用的，支持方块视频。

第 8 章

针对专项：快速玩转短视频软件

短视频平台：你不得不了解的两个平台。

虽说红人培养在一般平台都可以完成，但是由于各平台不同的规则和流量的区别，红人“爆红”所需要的时长会存在一定的差异。

在这些平台中，快手、抖音制造红人的时长相对较短。

在大家的惯性思维中，快手和抖音有着这样的差别：快手接地气，抖音有调性；快手深耕城镇市场，抖音则在中心城市更流行……实际上真的是这样吗？我们发布视频，是更多地选择快手还是抖音呢？

不同短视频软件的用户群体分析

截至2020年1月5日，抖音日活跃用户数突破5亿，快手日活跃用户数已超过3亿。

从用户特征来看，抖音女性用户偏多，快手的男女用户比例则更加均衡。

从用户城市分布看，抖音用户以一二线城市为主，占比达到52%，快手三四线及以下城市占比更多，占比达到64%。

从用户活跃高峰时间来看，抖音用户高峰期在晚上8点到11点，快手用户在晚上6点就开始活跃，持续到晚上9点。

从流量分发逻辑方面看，抖音和快手有着明显的区别。

抖音是滚动式的推荐模式，它推什么，我们看什么，深度沉浸，它像是有读心术一样，会推荐大量我们感兴趣的新奇内容，下滑举动也特别方便，不知不觉，抖音10分钟，人间3小时。

而快手则是瀑布流式的展现模式，我们可以自由选择自己想看的内容。

1.抖音粉丝：来得快也去得快

抖音是强运营平台，实施中心化的“计划经济”。当内容创作者发布一条视频后，抖音会基于内容质量、创作者的粉丝量和用户兴趣给内容创作者初始的流量分配。

我们可以大概看一下抖音的分发逻辑，如图8-1所示。

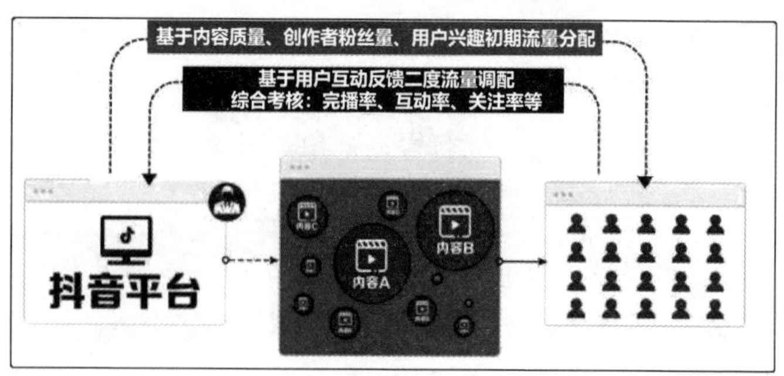

图 8-1　抖音流量分发逻辑图

通过上图我们可以发现，抖音不是基于“粉丝关注”来进行内容分发的，而是通过系统推荐，简单来说就是系统觉得哪个好，就会推荐给你哪个。

因此，在抖音做内容很有挑战性。你需要持续做好内容，持续被推荐，才能持续被用户关注到，只有增加与用户见面的触点，才能让自己的账号一直保持活跃。

管控过强的分发逻辑让用户与内容创造者之间很难建立深度链接，不利于社交属性的发展。

但它的优势也很突出，就是更容易制造爆款，更容易涨粉，如果系统觉得你内容好，那你的视频就很可能获得二次推荐，进而打造爆款，实现内容C位出道。

因此利用一条视频，在抖音沉淀几万或几十万粉丝的成功概率也很高，但是这些忽然而来的粉丝比起快手，显得并不是那么“诚心诚意”。

根据卡司数据显示，快手上KOL获得赞评比是14.9:1，也就是说，一个快手KOL在获得14个赞后就可能获得1个评论，而抖音KOL的赞评比是40.1:1，即在抖音KOL要获得40个赞才可能获得1个评论。

在短视频的世界里，评论的价值远高于点赞，点赞可能是随手点的，但是评论一定是过脑子写的。

2.快手粉丝：小火慢炖爱得深

我们再来看看快手的流量分发逻辑，如图8-2所示。

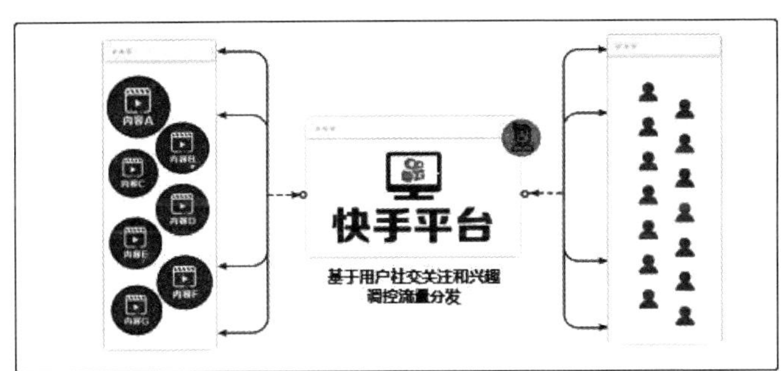

图8-2　快手的分发逻辑图

与抖音截然不同，快手在运营中，平台身份相对“隐形”，流量分发如同去中心化的“市场经济”。快手会尽量弱化自己对平台的管控，基于用户社交关注和兴趣调控流量分发。

快手优先基于社交关系和用户兴趣来调控流量分发，主打推荐的内容也是“关注页”的内容。你发布的视频内容，关注你的用户看到的概率会比较大，这个概率据统计，大概有30%~40%的机会，甚至更高。

简单来说就是你关注了谁，你就会看到谁，系统管不了。

快手弱运营管控也决定了平台内容的参差不齐，用户沉浸式体验相对抖音要弱，瀑布流式的内容呈现增加了用户跳出的机会。但它的优势是内容创作者可以通过直播或段子，反复与所关注的粉丝进行“链接”，加深粉丝与所关注博主的黏性，这也是“老铁经济”诞生的基础。

因此，在快手做内容要有耐心。相较于抖音，在快手通过爆款增粉，难度会比较大，不过好在收获的粉丝忠诚度都比较高。毕竟快手的内容推荐是选择式的，快手用户打开的内容都是自己感兴趣的、喜欢的，自己选的偶像自己宠。

因此，快手老铁对自己喜欢的KOL，不仅仅愿意点赞，还愿意评论、分享，进行全套式互动。

对比抖音和快手，我们可以明显发现，在抖音创作者迅速收割一波流量实现爆火的概率会更高；快手粉丝则是慢慢来，认真爱，小火慢炖式的喜欢，慢慢来也缓缓走，总体的忠诚度比抖音粉丝高。

3.抖音适合出名，快手适合成交

在抖音，粉丝与博主之间是一种追随关系，博主推荐什么，粉丝就很容易“种草”什么，但往往她们并不急于购买。

这是因为，抖音用户多生活在一二线城市，信息壁垒、消费通路会比较低，看到博主推荐某个产品后，可能会先去别的平台看看测评、比比价格，从“种草”到转化的路径相对比较长。

而在快手上，博主和他的粉丝们属于“老铁”关系，博主推什么粉丝就愿意买什么。

这更像是一种陪伴式的成长关系，快手上的粉丝们与博主有一起长大的铁杆友谊，友谊获取难，但是一旦形成就比较坚固。

快手用户较多生活在三四线及以下城市，信息壁垒和消费通路相对较高，刷快手自然而然就成了一种简单又便捷的购买方式，但是由于城市和收入的限制，快手红人带货的价格区间一般集中在30元~50元之间。通过大量测试，我们发现这个区间更容易让人们不用特别思考就能下单购买，行动比较快，转化效果比较好。

虽然快手的带货能力要高于抖音，但是对于品牌方而言，快手并非最好的投放渠道。

因为人群和城市划分的限制，三四线城市人口接受新鲜事物的能力和消费水平要低于一二线城市。而且快手的红人更多源自草根，商业化程度都比较低，内容包装能力较难满足广告主的需求，客单价也限制了更多高端品牌的投放。

回头想想看，是不是在抖音上看到了很多大牌（明星或品牌），但是在快手上，这个“看见”的频率要大大减少。

基于这两个平台的不同调性，大家可以根据自己的内容，或者是后续希望的变现模式、客单价来选择入驻。

视频上传后系统的算法分析

为什么别人玩抖音，随便一发就能轻松获得10万以上的点赞，而自己精心准备的内容怒拍几十条也枉然？抖音的游戏规则是什么？推荐算法是怎样的？是不是上抖音的热门，靠的是运气？

接下来这部分就详细地给大家介绍下抖音的算法逻辑。到底什么样的内容，更容易被官方认可，获得更高的曝光呢？

学习算法机制的目的，并不是告诉大家可以忽略作品的质量问题。毕竟新媒体传播，内容永远是根基。但只有学会如何触发机制，让内容符合算法，才能让优质内容得到更好的传播。也只有根据算法机制去调整作品细节，才能让作品触发机制后快速上升。

抖音区别于其他视频软件的“护城河”就在于它特有的算法机制，这种筛选后的高质量内容用15秒的单刀直入，让人们在视觉、听觉、情境的共振里感受美好，从而产生上瘾机制。

抖音作为“头条系”下的当家软件，它的算法自然是头条系的一贯风格：以用户为中心。只推送你喜欢的内容，如果你被一个娱乐类型的视频所吸引并点击观看，达到一定完播率后你的内容主页就可能被定制成了娱乐类型。而在日后的观看过程中，机器算法会不断细分、采集并记录你的行为标签，从而让你喜欢看的内容越来越精准，可能最后细化到只给你推送“某个明星”的相关新闻或视频。

简单而言，就是你越常看什么，系统越会更多、更密集地给你推荐什么。

你喜欢看明星八卦，就会得到越来越多的明星八卦；喜欢看小剧场的相声，就会出现各种类型的小剧场相声。

1.贴标签，你喜欢看什么就不断给你推什么

抖音流量分发的基础逻辑流程分为 3 部分：给内容贴标签、给人物贴标签、按标签智能个性化推送。

（1）给内容类目贴标签

图 8-3、8-4 为 2015 年“今日头条”的一份关于“男性与女性关心的主要内容类目”的数据报告。

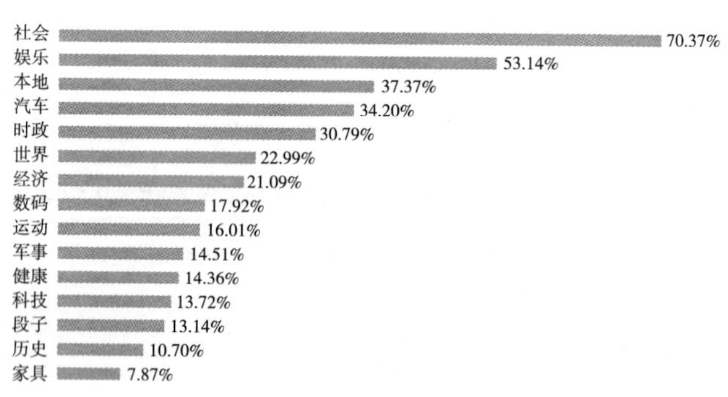

图 8-3　男性的 15 大阅读标签

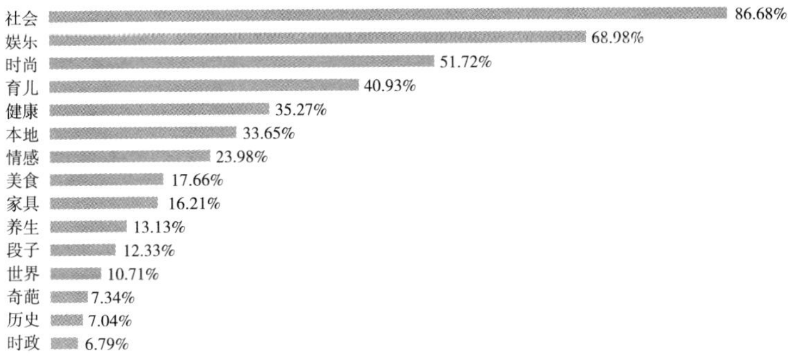

图 8-4 女性的 15 大阅读标签

基于这些大品类继续细分，可以再次细化出非常多的小标签。比如娱乐，可以细化到明星，继而细化到八卦，甚至最后精确到“XX 明星结婚”的标签。

（2）给人物贴标签

说到给人物贴标签，就是每个平台都会做的，建立用户画像。

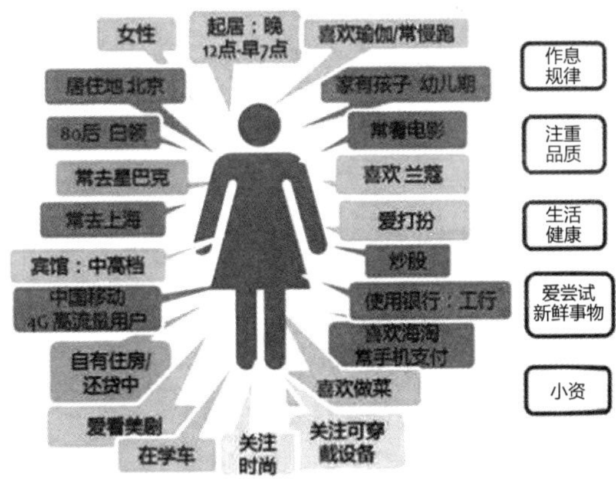

图 8-5 用户画像分析

平台首先会根据你在使用APP时的习惯进行行为路径分析，再进行贴标签、优化标签等操作。这个过程是实时的机器算法。

详细过程为：通过你个人资料的填写、关键词搜索的记录、浏览较多的视频类目、点赞视频数据、评论数据及通讯录的圈子关系等来建立用户的个人画像。通过越来越多的标签，确定用户的社会关系和个人生活状况，甚至能精确到你住在哪个城区，今年多大了，是不是独生子女，平时几点睡觉，喜欢什么品牌的化妆品。

可能很多人会感到好奇："为什么我明明没有刷很多的视频，也没有点赞、评论，但是系统会很详细地知道我的喜好？为什么推荐的内容基本上都是我感兴趣的内容？"

这也曾是困扰我的问题，直到询问过字节跳动（抖音母公司）的工程师朋友后，我才明白了其中的原理：这就是"头条系"产品越做越好的另一个主要原因，"头条系"的产品完成了各个软件之间的数据共享。

"头条系"会打通所有平台的数据库，看看你在每个平台的"偏爱标签"并记录下来。你在单一平台访问痕迹有限，标签过分单薄，但是在多个平台上的活动轨迹交汇后，会形成一个很鲜明的个人特质。

一个记录不够全面，就多个一起融合，不断精细你的个人信息，然后推荐给你更多你感兴趣的东西，让你入迷。

2. 内容上传后，通过机器 + 人工双重审核

抖音的审核由机器+人工双重审核构成。

抖音作为一个去中心化的平台（弱化关注页面，内容随机滚动），任何一个账号都有拥有百万粉丝甚至千万粉丝的机会。即便我们没有一点儿流量，只要我们的内容受欢迎，就会被越来越多的人关注。

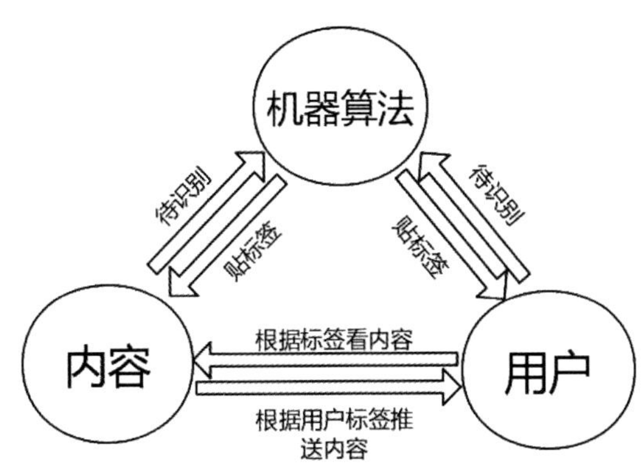

图 8-6 抖音算法模型 来源《短视频热门研究院》

在我们的作品发布完成后，会经历以下几个流程。

（1）审核

当我们发布视频后，平台会进行一次审核，这时主要是审核我们的作品有没有违规。

例如，有没有出现广告、有没有带水印或LOGO、内容是否不雅或血腥等，如果出现平台禁止的内容，我们的视频就会被打回或被限流（只有你自己可以看见你发布的内容）。如果没有出现任何违规行为，平台就会通过，这时内容才会正式出现在用户面前。

（2）**智能分发**

在经过“可以公开播放”的认证后，平台会根据我们账号的权重给予我们新发布的视频一定的初始推荐流量。初始推荐优先分发给附近的人与关注我们的粉丝，然后才是配合用户标签与内容标签进行智能分发。

（3）**叠加推荐**

平台将我们的作品进行初始推荐后，会根据初始流量的反馈来判断我们的内容是否受欢迎。如果受欢迎平台会将我们的作品分发给更多流量，反之就不会再给我们分发流量。

这里的重要反馈指标有：点赞率、评论率、转发率、完播率、粉丝量、进入主页数和查看音乐量。

• 点赞率：用户的点赞数量和播放数的占比也会影响推荐。点赞源自用户对内容的认可，犒赏和收藏是用户表达喜爱的方式。

• 评论率：不仅包含用户评论数量，还包含用户查看评论数量、评论点赞数量。

• 转发率：不同渠道的转发，包含是否在评论里面@好友；如果再细化的话，还会涵盖粉丝量、主页打开比率、查看音乐动作。

• 完播率：不仅仅是视频的播放完成率，还有用户多次播放的数据。重复播放次数也会加入基数分值。

• 粉丝量：包含现有粉丝量、新增关注粉丝量及取关粉丝量。

• 进入主页：通过作品进入用户主页也有加分；预览其他作品数量及次数等。

• 查看音乐：通过作品查看音乐也会有基数，以及背景音乐是否原生。

这些反馈指标的层阶顺序是：

完播率>点赞率>评论率>转发率>进入主页>粉丝量>查看音乐量。

3.抖音特有的历史数据发掘

抖音视频的第一次推荐，会根据账号的权重不同给大概 200~500 的流量，如果被推荐的作品以上数据反馈较好（有 10%的点赞和几条评论及 60%完播率等），平台就会判定我们的内容是比较受欢迎的，便会给第二次推荐。

第二次推荐大概会给 1000~5000 左右的流量，如果第二次推荐的反馈较好平台将推荐第三次，第三次就是上万或几十万的流量，一直以此类推。要是反馈依然较好平台就会以大数据算法结合人工审核的机制，衡量你的内容可不可以上热门。

一般一个视频发布 1 个小时内，视频播放量达到 5000 次以上，并且点赞数高于 100，评论数高于 10 ，基本上就会给下一级推荐了。

之前也有人问："为什么自己的视频一直很冷，很多内容都是很久以前发的了，结果最近又莫名其妙地火了起来？"

这是因为抖音会发掘历史数据。

什么是历史数据的挖掘？历史数据的挖掘是指即使你前面发布的视频反馈不是很好，但是突然有一条视频的反馈很好、用户很喜欢，平台就会认为你的视频受用户喜欢便会扶持你。而喜欢你视频的用户往往会去你的主页看其他视频，点击的人越多，平台就会认为你的其余视频也很受欢迎，所以还会推荐你的老视频。

与之相反的是，即使前期你的视频反馈很好，流量很大，但只要有一条视频违规，你的账号就会被降低权限从而被限流或封号。

曾经我们为了明确抖音的各个流量池入池数据到底是多少，做了大量的测试检验。后来发现，其实通过对播放量的自查，就可以基本明确自己的作品到底是进入了哪个组。

我们把作品从上传到热门优质池状态这个路径划分为 3 个阶段，并用播放量作为对标的方法。

（1）启动阶段

播放量小于 1000 次时，这 1000 次播放量就是你的作品的种子用户，系统会匹配用户数据中标有关键词的受众，完成第一次分发。

比如男篮世界杯期间，假如你发了一个带有“姚明”“男篮”“周琦”“李楠”等标签的内容，那么这些标签所对应的“体育”“篮球”“男篮”“易建联”就会成为第一批测试用户，小量级试探推荐，观察用户是否感兴趣观看并有良性反馈。

（2）小爆阶段

通过机器数据观察用户反映后，继而扩大量级推荐，一万到 10 万播放量，并根据“姚明”“男篮”关联更多关键词及标签用户，如“NBA”“CBA”“奥尼尔”等。

如果你的作品通过了小爆炸阶段，就将会进入优质池状态，我称它为“王者流量池”。

（3）大爆炸阶段

你的作品进入优质池状态，已经上热门了，抖音会给你 100 万以上的播放量。

简单而言，抖音的算法推荐，更像是一个池子的进阶之路，先把作品投放在一个小池子里，有绝大多数人喜欢，那就再放进一个大池子里，大池子里还是有很多人喜欢，那就放进大海中。

短视频软件运营规则分析

如果有喜欢玩快手的朋友会发现这么一个事实，相比于其他短视频平台，快手的封面大部分都很夸张。

你会不会也很好奇，为什么这些封面，在其他短视频平台上就很少见到呢？为什么视频内容都差不多，但是快手上明显更“封面党”呢？

其实，这和各个平台的运营规则有直接关系。

以抖音为例，抖音强调推荐流，系统给你推荐什么，你就看什么，系统觉得什么好，什么内容展示量就多，没有封面，直接系统默认播放正文。

而快手更倾向于“普惠”政策，它不会对内容进行太多地人工干预，系统能做的，只是把所有的视频按标签分类，让标签下的用户自由选择。

一旦涉及用户自由选择，必然又牵扯到两个问题：一是用户的注意力留存，用户怎么能在繁多的视频中一眼看到你；二是如何在用户看到后，对你产生强烈的好奇心。

百度搜索里会有一个词条——“快手热门”。点进去，会看到一大列相关问题：快手封面“吸粉”标题、快手上热门的文字、快手上热门的封面。

是的，快手的封面真的和热门有一定关系。

快手算法里真正决定我们的视频能否上热门的关键点：一是播放率，二是完播率。能点击进入视频的人和能够完整看完的人多了，对应的作品才能上热门。

系统就是在一轮接一轮的检验中，判定作品是否优质，如果系统在展示中，发现视频的播放率和完播率都很低，那么你的作品便与上热门无缘。所以想要上热门，就得提升我们的播放率和完播率。

这也就能理解为什么快手的封面和文案都特别鲜艳有冲击力，因为只有先把用户吸引进来，才能完成第一步——播放率，至于后续的双击则是用来分除点赞比。

在快手的运营过程中，一定要做好封面和标题，封面和标题吸引人，在上热门中起了决定性的作用。所以你懂“老铁们”夸张行为背后的逻辑了吗？

短视频软件常见问题一览

很多人在事业起步的时候，认为应该有精良的设备，或者是老板为了支持员工的短视频事业，因为帮不了太多的忙，于是将资金投在设备上，什么美妆灯、单反相机、麦克、铁头、轨道等，买完以后感觉非常霸气，但实际上这些设备对于短视频创作的用处十分有限。

除了剧情和特殊类别视频，抖音、快手大部分是给更多手机用户使用的软件，所以根本不需要那么多高大上的设备。很多百万粉丝的大号，至今都是用一台手机在拍摄。

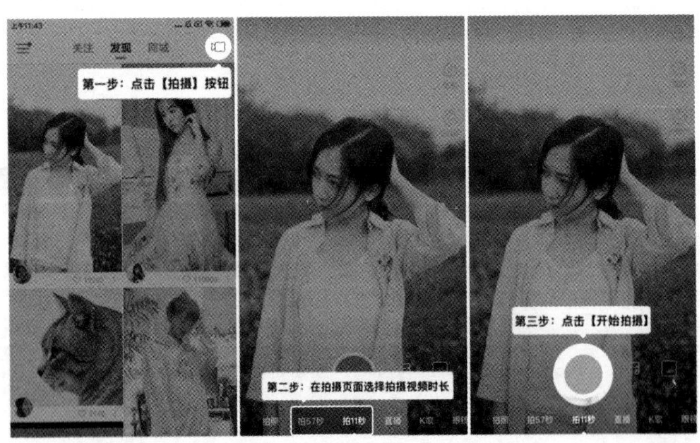

图 8–7　视频拍摄步骤

起步阶段，我们有一台清晰、大容量的手机足矣。下面以快手为例，为大家详细说明拍摄和编辑视频的步骤和技巧。

（1）如何拍摄视频

点击快手主页右上角的小相机“拍摄”图标，在拍摄页面选择“拍 11 秒”或“拍 57 秒”视频。

（2）如何制作“照片电影”

在快手主页点击右上角“拍摄”按钮，在“相册”页面，选择图片（目前最多支持 31 张图片），点击“下一步”，在编辑页面点击最上方“照片电影”按钮，然后进行编辑，如添加配乐和滤镜等。

编辑完成后，点击右上角“下一步”，再点击“发布”就可以了。照片电影的配乐时长上限为 140 秒。

（3）如何上传视频

手机端：点击主页右上角的小相机“拍摄”图标，再点击左下角“相册”按钮，选中手机相册内储存的视频进行上传。

电脑端：电脑端登录快手官网 https://www.kuaishou.com，进入“快手直播”或“直播伴侣”，鼠标移动至页面右上角“个人头像”处，在弹窗中点击“上传视频”按钮，也可以点击“快手直播”页面的“个人头像”后，鼠标移动至页面左下角“个人头像”处，在弹窗中点击“上传视频”按钮，按照提示上传视频即可。

（4）如何发布长视频

点击快手APP主页右上角的“相机”图标，在拍摄页面可选择“拍 11 秒”或“拍 57 秒”视频。如你想发布超出 57 秒的视频，可通过如下方法操作：

• 快手APP：点击快手 APP 主页右上角的“相机”图标，在拍摄页面右下角点击“相册”，选择需要发布的长视频，点击“下一步”，再点击右上角的“发完整视频”，即可发布 10 分钟以内的视频。如无法正常发布，建议你重启快手 APP 后再次尝试。

• 快影APP：各大应用商店下载“快影”APP，点击“拍摄”按钮可拍摄小于或等于 5 分钟的视频，也可以点击相册选择多段视频。然后点击“完成”进入编辑页，编辑完成后点击“导出”(可导出 10 分钟以内的视频)，导出成功后点击“快手”图标直接将视频发布到快手 APP。

（5）如何使用一起拍同框

拍摄一段视频后，你可以在作品分享发布页面，打开“允许别人跟我拍同框”按钮。作品发布后，其他用户在观看你的作品时，点击“分享——一起拍同框”即可拍摄制作同框视频。

（6）如何在拍摄视频时使用美颜效果

点击主页右上角的“拍摄”图标进入视频拍摄页面，点击页面下方“美化—美颜”按钮，选择您喜欢的美颜档位，再次点击该档位可细调单个部位的美颜程度，调整到合适的美颜程度后，即可进行视频录制。

（7）如何删除视频中的某些画面

在视频编辑页面，点击右下角的“更多”，选择“剪切”，再点击“选取”选择想要删减的片段后，点击“删除”按钮即可。

（8）如何给作品配字幕

在作品编辑页面，点击“文字”按钮，选择合适的文字气泡，输入想要搭配的文字即可。

（9）如何为我的作品添加背景音乐

在作品编辑页点击下方的“配乐”按钮，即可为视频添加本地音乐、云音乐。

添加本地音乐时，针对 iPhone 用户，快手只能访问手机系统音乐里的声音文件，需要通过电脑安装 iTunes 后，再同步音乐到手机系统音乐里。

（10）刷粉丝、刷数据能不能用

这是大多数新人面临的问题，也包括很多老板，他们生意做得不错，就想着能不能用钱让自己的作品“刷上热门”。可以明确地告诉大家，不能！

很多人收到过一些刷粉、刷赞机构的广告，声称破解了抖音的算法，用某某比例刷赞、刷播放、刷评论等就可以把视频送上热门。

其实这是行不通的，上文讲过抖音的算法机制，机器刷的数据完全提升不了完播率，在完播率极低且数据反常过高的情况下，系统默认为刷分作弊账号，会拉入黑名单，导致账号作废，后续发任何内容都被限流冷藏处理。

（11）付费后就一定会上热门吗？

为了让作品得到更多展示，抖音自带一个功能叫 DOU+，快手叫粉丝头条。这两个功能就是付一定的费用，得到一定的展示。比如付 100 块钱，让系统帮你推给 5000 人看。

这是平台自带的一个功能，是可以获得有效展示的，但这依然和热门与否没有任何关系。你买了 5000 人的展示，那么你的作品内容将会被 5000 人看到，让这 5000 个人来评审，测算完播率和赞评比。如果作品好，进入下一个流量池，但如果作品不好，那么止步于这 5000 人看到，人数不会再进行增长。

（12）我应该做抖音还是做快手？

这个问题不能一概而论，要从很多维度考虑，包括你的喜好、风格、项目类型等。同一行业都可以出现两种不同的结论，比如餐饮行业，推荐店、探店、超级红人店打造，这类就比较适合抖音；餐饮加盟、餐饮学技术，这类就适合快手。

结合上面的分析，可以看出抖音更适合造星，快手更适合卖货，而不同产品的平台喜好程度又有所不同，所以我建议做出来的内容，可以多平台试试，又不会耽误太多时间。这样很快就可以从点击量上看出来，哪个平台更适合你。

想认证企业蓝V，该怎么做?

V最早是在微博里面产生的一种认证标识，个人认证是黄色的V，企业是蓝色的V。如今各大短视频软件也沿用了这一认证方法。

1.企业蓝V的作用和优缺点

企业蓝V的作用简单来说就是，给予企业独家官方认证，防止其他账号冒充企业，在全昵称搜索的时候，显示在最前端。

其优点是企业可以为自己的业务打广告而不会被封号或限制，但只可以对自己行业类目进行宣传，不可以跨行业宣传。比如你是一家卖文具的企业，你开通蓝V企业认证以后，认证标识为“xx文具公司”，那么你可以在账号里宣传你生产的各种文具，但不可以宣传鞋、帽这些无关的产品。

它的缺点在于人格化不够。目前无论是图文平台还是短视频平台，粉丝们更喜欢人格化的账号，也就是有血、有肉、有态度的鲜活的人，而不是冰冷的机构。

所以，加上蓝V以后，虽然代表着官方企业，更加权威，但很可能会减少部分粉丝的关注。比如同样一期视频火了，如果你是个人号，可能带来5万人关注，但如果你是蓝V企业号，有可能带来的关注只有2万人。

2.蓝V应该怎样申请？

我们以抖音为例进行说明。

首先登录抖音官网douyin.com，点击右上角“企业认证”。

其次绑定手机号登录。进入抖音“企业内容营销与用户管理平台”点击“我要申请”。

最后登录抖音绑定账号。企业认证页面点击“我要申请”后，即进入账号登录页面，请再次核对账号信息并登录账号。登录后即为被认证账号，不可修改！

图8–8 抖音蓝V认证客户权益

3.蓝V申请所需资质

- 请填写工商营业执照上的企业主体信息全称。
- 认证信息不超过16个字。

• 上传彩色扫描件，营业执照包含以下信息：企业名称、营业执照注册号、法定代表人、营业范围（一般经营范围）、经营范围（前置许可经营范围），请提供在营业期内的有效真实执照。

审核失败的原因有：营业执照信息不全、与工商局登记信息不符、伪造证件等。

•《企业认证申请公函》不支持使用财务章、合同章、人事章，上传清晰的公函扫描件。

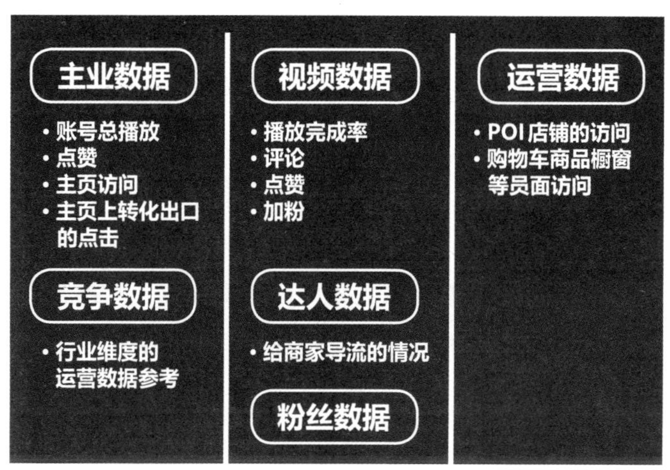

图 8–9 视频的各种数据

4. 企业蓝V禁止准入的行业

用户营业执照的经营范围如果不包括财经、法律类服务的，则用户申请财经、法律相关分类的企业账号将不予通过。

公司名称、经营范围、企业账号信息涉及以下内容，不予通过企业认证。

• 涉军涉政：涉及领导人、反动、政治体系、军事相关等。

• 违法违规类：枪支弹药、违禁药品、管制刀具、国家级保护动物相关等。

• 危险物品类：烟花爆竹、弹弓、弩、网红气球等。

• 医疗健康类：试管婴儿、临床检验、血液检查、整容整形、非正规药方等。

• 赌博类：博彩、赌石、千术等。

• 两性类：生殖健康、两性产品、色情网站/APP、涉外婚恋等。

• 封建迷信类：风水、手相、面相、算命，涉及迷信元素或道具等。

• 招商加盟类：农业技术加盟、医疗加盟类。

• 手工加工类：手串、佛珠、核雕、蜜蜡等。

• 文化艺术收藏品：古董古玩、钱币类、徽章类。

• 高危安防设备类：警用设备、军用设备。

• 其他：微商、山寨品牌、代购类、洞藏老酒、情感咨询、高倍望远镜、动物屠宰等。

第 9 章

回归本质：短视频的商业化变现

商业变现，是短视频行业的价值体现。

和传统的电视媒体、纸质媒体一样，在互联网世界呼风唤雨的新媒体从根本上来说，必须要考虑变现。视频的发布与传播、用户的数量、内容的优质状态都只是“价值”，只有通过变现才是“经济”。

到底怎样做，才能让运营短视频为自己带来实际的经济价值呢？

短视频引流，知识付费

现在，短视频作为非常火爆的新兴互联网传播模式，已经覆盖到日常生活中的各个方面。

不管是在上下班的途中，还是中午休息时，又或者是睡前，浏览短视频已经渐渐成为大多数人的习惯。和传统的电视媒体、纸质媒体一样，在互联网世界呼风唤雨的新媒体从根本上来说，必须要考虑变现。视频的发布与传播、用户的数量、内容的优质状态都只是“价值”，只有通过变现才是“经济”。

随着传媒行业的飞速发展和进化，短视频、直播、电商实现了内容变现。2018 年，短视频、直播、电商高速发展，2019 年，是它们从红利期到红海期的转变。

我们用 2018 年的一些数据来说明：

• 短视频用户超 6 亿。

• 开播场次超 6 万场，总时长超 15 万小时，薇娅带货 27 亿元。

• 1.9 亿人观看的短视频收入超 1600 万元，1.6 亿元的销售额在卖货节当天由散打哥达成。

• 直播销售额超 1000 亿元，超百人的主播月收入达百万元。

• 短视频平台日活量超 2.5 亿，月活量超 5 亿。

•“双十一”当天订单超千万，成交额超 3 亿元。

这些数据给我们展示着互联网时代电商变现的无限可能，随着 5G 时代的到来和大众对互联网认识的深入，后续新媒体变现必然大有可为，就像当年的电商、电视购物一样，将会成为被大众广泛认可的新的习惯性消费方式。

备受资本青睐，短视频成为最火爆的风口之一

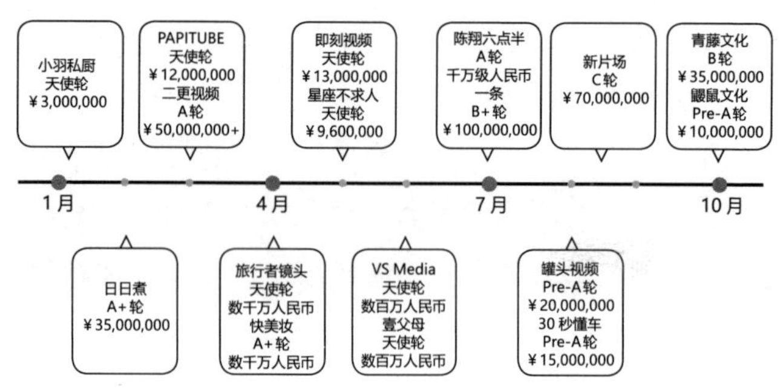

图 9-1　短视频发展的前景

在商业化变现之前，我们首先要考虑的是受众定位，受众定位的关键就是对受众进行画像。

什么是受众画像呢？就是先弄清楚你的目标人群到底是怎样的一群人，他们过着什么样的生活，收入状况如何，他们用什么方式看到你，他们的爱好偏向是什么。在确立好大概的受众画像后，我们再针对这部分人，确立变现模式。

我们来看一个“鱿鱼哥”的案例，这个案例是曾经合作过的一个短视频创作团队在和我聊天时谈到的他们

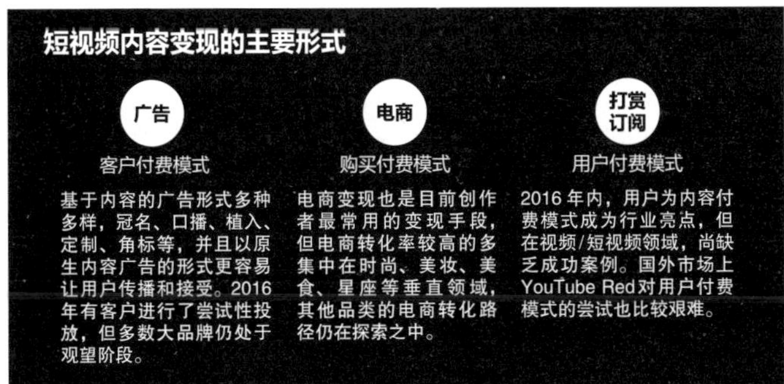

图9–2 短视频内容变现的主要形式

亲身操盘的案例。

这个团队的前身，是早期娱乐直播公会，后来转型做了新媒体，专注于运营短视频平台上的达人账号。他们旗下的很多达人前身都是娱乐主播，并非电商类带货能力很强的主播。

他们旗下签约了一个达人，这个达人平时靠烤鱿鱼维持生计。他们觉得可以为这个人做一下短视频运营，于是短视频+直播的形式上线了。短视频的内容讲述的是这位“鱿鱼哥”通过卖鱿鱼维持日常生计，但保持积极乐观的生活态度，视频里也有他烤鱿鱼的真实场景。

在之后一个月的时间里，这位“鱿鱼哥”不仅在线上收徒，而且在线下摆摊的地方也教别人怎么烤鱿鱼，类似于开了个培训班。用当下最流行的说法是：知识付费。

每个人收3000元的学费，教学时间一般持续2~3天，每天至少有20个人来到现场学习，一个月下来盈利180万元。

这个方案从策划到后期完成变现仅仅用了一个半月，当然，除了运气之外，其中还有很多运营技巧。

我们分析一下他们为什么会取得这么明显的成功。

首先，快手的用户群体大部分都居住在三四线城市，“烤鱿鱼”这种在北方地区夏天很受追捧的美食消耗量巨大，上手难度低，最重要的是先期投入成本很低，一个夏天就能赚8万~10万元，对于肯付出辛苦的人来说，很容易。

其次，对于学员而言，花费3000元报名费，价格不算太高，可以接受。一个人花两三天就能学会，时间周期也并不像学其他技能耗时巨大。这相当于三四线城市一个人一个月的工资就能学会一项一夏天能赚8万~10万元的技能，很值。

在线上通过短视频、直播的方式，将“鱿鱼哥”经营烤鱿鱼之前的生活状态和经营这个摊位之后的生活状态进行对比，劳动产生的可观价值是这个视频传达出来的主要核心。“鱿鱼哥”生活态度乐观积极，说话风趣幽默，烤出来的鱿鱼也能在卫生、美味上做到保证，这个人设是可以立得住的。

视频的受众主要来自三四线城市待业或正在寻求第二职业，甚至是第三职业的人群，性别和年龄上没有特殊要求。这样的用户画像已经很清晰了，因而定价每人3000元的报名费不能算高。“鱿鱼哥”白手起家，生活上从无到有，这在这个人的视频账号中可以看到，这就是人设。做好用户画像分析能更好地直击用户的需求点，实现更好的变现。

用户基础好，信任感强，入门门槛不高，经济收益可观，在这些因素的相互作用下就产生了不到两月净赚

180 万元的“鱿鱼大王”。

要说这两年科技领域最大的风口和趋势，无疑是人工智能（AI）；而在互联网领域，知识付费和短视频可以算两个热门趋势。如果将这两个互联网热门点结合在一起，必然会产生更大的势能。

无论是案例中的短视频线上引流、线下授课，还是纯粹的开辟网课，短视频授课、直播授课，都属于知识付费领域。

短视频和直播对于电商来说是两种赛道，但对于在线教育来说是一种赛道。在线教育不是产品，是知识服务。不管是短视频，还是直播，都需要打造讲课老师的专家 IP，内容最好呈现专业性和娱乐性。

有一个“85 后”宝妈卖课程，一年赚了 60 万元。这个“85 后”宝妈有两个孩子，在家全职带娃，最初只是想赚点外快。在学习了正面管教系统课程后，自己开发了一套课程，在抖音上边拍视频边卖，一套售价 59 元，一年卖了 15000 份。

知识付费创业，听起来感觉距离普通人很远，但是从实操上来说，一个人、一部手机足够。在线教育不是电商，不需要每天发货；也不是实体店投资，需要几万元的房租；也不用看甲方脸色。只要把自己的知识内容整理成课程，不管是线上收费播放，还是通过电商卖知识文档，或者是和“鱿鱼哥”一样，开设线下培训课，这都是很好的变现方式。

这个时代赋予了每个人通过销售知识获取财富的机遇，请把握住吧！

短视频电商与直播电商

目前，各个主流短视频平台都开通了电商功能。视频创作者在创作过程中，不用偏离原有视频内容的轨迹，只需要在视频细节做出调整，就可以完成变现。

短视频的电商其实属于内容电商，而中国内容电商的巨头当属阿里巴巴。阿里巴巴在2014年用50亿美金收购UC优视，引发了轰动和热议：50亿美金收购一家专做浏览器的公司是不是值得？

很多人认为这是阿里巴巴“土豪”中的“土”在作祟，为阿里巴巴的一掷千金感到不值。然而阿里巴巴用事实证明了这一举措对完成企业生态搭建的重要性。UC浏览器在当时稳居国内手机流量市场份额第一名，占比60%，手机浏览器就意味着流量来源，被收购后的UC浏览器从成功上市开始，就对阿里巴巴未来的发展起到了关键的作用。UC代表的移动互联网的力量砥砺前行，俞永福也成功地打造了阿里巴巴的大文娱生态。

2016年，阿里巴巴的淘宝直播正式上线，内容+直播的时代来临。2018年，淘宝直播的成交额破千亿，并宣布未来3年成交额将要突破5000亿元。

而这时，短视频时代的来临也借了电商的势，短视频作为新时代的全民化流量搭载平台，依托内容的电商也就是面向全民的电商。那么对于视频创作者而言，选择电商变现就是非常好的选择。

社交平台的出现，催生出了不少新的职业。视频达人、超级红人主播、微商，甚至连务农的大伯、大妈，都有可能成为带货能力超强的超级红人。

比如，小猪佩奇就可以说是抖音走到电商的现象级案例。有人说，从儿童周边到全网断货的现象级爆款，中间只隔了一个抖音的距离。

很多人说短视频带货就是以前的电视购物。这个观点太简单化了。真实情况就是短视频带货已经远远超过了电视购物。2018 年直播带货已经超过 1000 亿元，超过了全中国电视购物的总额。

短视频带货，顾名思义就是以短视频形式达成商品销售的目的。所以，短视频带货和传统的电商还是有本质区别的。

传统的电商是产品本来就放在那里，而有需要的客户会搜索、了解产品的价格之后再购买。但是，短视频带货不是这样，短视频带货是根据用户浏览习惯，通过推荐“有趣+有用”的视频输送到客户短视频浏览首页，满足用户需求，然后促成交易。

粉丝经济最早是针对明星的，出于对偶像的喜欢和信任，粉丝愿意花钱买“爱豆”推荐的东西。但是现在，互联网的发展突破了圈层的限制，人人都有出名的机会，普通人在各种渠道，通过输出内容、观点来表达自己，就有机会拥有话语权、成为KOL，圈住一批忠实粉丝。KOL 带货成了新的业绩增长点。

这里面的市场有多大呢？我们先看一组数据。

坐拥 2000 多万抖音粉丝的李佳琦，一次直播能试 380 支口红，五个半小时的淘宝直播能卖 23000 单，完成 353 万元的成交量；被抖音一路捧红的答案茶，凭借着一条视频，一天内接到 8000 个加盟咨询电话，两个月加盟店从 0 变成 249 家；“正善牛肉哥”“6·18”带货 100 万瓶葡萄酒，10 万箱啤酒，20 万箱牛排。在实体商家来看，这是不可能做到的事情！

短视频带货，俨然成为电商的新蓝海。这种娱乐购物的电商模式与传统电商有着天然的分界，明星达人、怀着致富想法的普通人和想要分一杯羹的商家，纷至沓来。甚至还有一些景区和城市与这些短视频平台合作，以期能更大程度地宣传自己。

抖音上摔碗酒迅速走红，喝一碗西安古城的老米酒，做一回西安的“社会人”，视频的迅速传播，是西安成为超级红人打卡城市和游客迅速增加的重要原因。

短视频电商的主要特点是内容“种草化”、单品爆款化、交易的私域化 。

在了解这几个特点后，我们就可以有针对性地营造短视频的内容和方向。不要一次贪心做很多品类，先针对一个，把一个做精。在确定短视频电商的特点后，我们再开始考虑通过短视频做电商变现的整体布局。

如今的变现途径中，比较常见的有直播的打赏、商务的广告、电商卖货、知识付费。在这些内容之下，有趣的内容更受欢迎，其中包含搞笑、颜值、才艺、情感、“二次元”等，除了有趣外，还要有用，如果是单纯的搞笑但是没有实用性，很可能大家看完就划走了，不会产生购买冲动。

很多人好奇短视频电商和直播电商之间的异同，其实短视频电商和直播电商最大的区别在于时长和表现形式。

虽说都是直播卖货，但是运营人口中的直播电商通常是指淘宝直播。抖音、快手上也有直播，但由于软件主要以短视频内容为主，所以，我们依然称它为短视频电商。

淘宝直播有明确的考核标准，每月至少直播 26 个有效天，每天至少在线直播 8 小时，除去每天选品的时间，还要再准备第二天的直播内容和商品，工作时间基本会超过 12 小时，直播也是以直接出货为主要目的。

而短视频电商属于内容电商，内容电商在目前的主流短视频平台可以分为两种。

一种是通过短视频做引导，属于录播内容，通过一个个提前拍摄好的内容完成用户“种草”，在视频中添加商品链接，也就是我们常说的“购物车”。用户通过观看短视频被引导，点开商品链接就可以完成购买，带货短视频形式的操作相对简单，利润率和转化率需要视频创作者进行思考权衡。

另一种就是通过平台的直播来带货。淘宝直播属于纯电商领域，平台的受众基本都是有购买需求的购买者和准购买者，他们的购买行为会更直接，而短视频内容平台则是以内容为主，无论短视频还是直播都离不开内容，用户的需求可能并不是购买，所以转化率会低于纯电商平台。

不过相比电商平台直播的“简单粗暴”，纯内容平台也有一个好处，就是可以更好地沉淀和引导用户，出镜的演员、主播与用户之间的关系更为亲密。通过朋友介绍的产品相对于陌生人的推荐更为保靠的心理，普遍存在互联网当中。

完整的电商体系要有供应链、运营团队、流量来源、销售环节几个步骤，在电商经验浅薄时，选择通过短视频带货的形式完成变现，可以为创作者节约大量的时间和精力。视频创作者只需要把握好选题的方向、内容的调性及对产品的介绍即可。创作者的选品也是有讲究的，根据不同视频创作者的内容风格，找到相互包容的产品是关键。

我认识的一个团队是专门做科技测评内容的，由于一直没有好的变现方式，整个团队有近两年的时间都在生死存亡间徘徊。短视频平台开通了电商功能之后，他们选择了主要做科技类产品的测评和售卖。

3C类数码产品的单价很高，他们通过长期积累下的口碑，充分获取了粉丝的信任，在开通电商的第一个月就卖了 3000 台打印机，使团队起死回生。

他们成功的根源在于从一开始他们在内容选择上就更垂直精准，而且科技类用户的黏性普遍都比较高，加上他们一直用心在经营内容、运营用户。同样有需求要购买的情况下，观众肯定对这个垂直领域的博主信任值更高。

因此，选择与自己视频内容相匹配的产品在电商变现的过程中十分重要。

在选择商品的过程中也要进行衡量，尽量不要选市面上随处可见的产品，可以选一些新奇好玩的商品，因为目前各个短视频平台的主要力量都是年轻人，没见过的东西、好玩的产品本身就能让用户产生兴趣。而且新奇产品的利润空间相对封闭，利润高，转化率高，收益自然也会高于其他普通产品。

短视频电商的核心有两个：一个是用短视频的内容去带货，一个是用直播的内容来带货。短视频的内容带货，除了商品的介绍比较详细之外，还要突出亮点，可以重复去强调，多方面展示，满足这几点的短视频数据都会非常好。

在现有的直播平台中，大家普遍使用的是快手直播和淘宝直播，越来越多的大博主开始选择和明星一起同台互动，比如之前快手直播邀请了柳岩参加，通过一场直播获得好几个亿的收入。

不过，需要注意的是，虽然说我们看到了内容带货的能力很强，但在这些带货的背后，更要关注你的供应链，如果你的供应链不完善，那么前期的努力会被大大浪费。

商业植入广告

短视频的互动性具备了社交属性，其内容自然地离用户更近，也越来越受到广告主的关注。在短视频领域，软硬广告都有。硬广告可以有很多种方式进行植入，软广告则采取故事化叙事模式，它使得广告与内容的界线变得模糊，用户在不知不觉中感受相关品牌的理念。

随着短视频的爆火，众多品牌商挤进短视频领域，纷纷砸下重金进行广告投放。因此，广告接单也是短视频博主重要的变现方式。

经常发布视频，有一定粉丝量的用户，被称为KOL。KOL粉丝量越大，粉丝黏性越高，其账号价值越大，对外广告报价越高。商业广告是很多短视频大号的主流变现方式，而这种方式的前提条件就是拥有大规模的流量。

（1）超级红人收费标准

不同粉丝数，不同平台上的超级红人价值不同，收费方式也是根据视频发布的条数收费，按照粉丝量和影响力定价。比如抖音平台，一个100万粉丝的KOL，按照3分钱一个粉丝的报价，KOL发布一条视频的价格为3万元（不包含创意的费用）。

在确定合作后，由KOL先出创意，创意确定后，用户付一半定金，开始拍摄视频，视频验收后，用户要在视频发布前付尾款。

（2）超级红人可以推广哪些产品？

几乎所有行业都可以推广，但不适于推广无落地的产品，转化率会很低，无落地的产品指的是产品无购买入口、游戏在应用市场没有上架等。

（3）抖音超级红人都有哪些类型？

美妆时尚、美食餐饮、幽默搞笑、科技智能、旅游户外、汽车驾驶、亲子育儿，等等。

（4）抖音超级红人的推广方式有哪些？

- 视频植入：把产品信息软植入到超级红人的视频中，进行发布。比如电影里面的广告植入，主人公拿出来带有某品牌的啤酒喝。

- 直发视频：部分行业可以选择直发视频。直发指的是甲方自己录制好视频，用超级红人的账号发布。比如游戏行业，以直发为主。

（5）抖音超级红人的推广效果怎样？

因为抖音分发视频采用的是算法推荐机制，对于硬广平台是比较排斥的，所以抖音超级红人推广更偏向于品牌曝光。但由于起效慢、转化流程无法监控，所以，用效果广告的思维来投抖音超级红人广告，效果不会很理想。

（6）抖音KOL广告投放合作流程

抖音超级红人业务的合作流程：

寻找合作对象（推广方）→业务咨询（推广方）→业务介绍（KOL）→产品介绍（推广方）→产品评估（KOL）→出推广方案（KOL）→确定合作（推广方）→视频拍摄（KOL）→视频验收（推广方）→发布推广（KOL）→结案报告（KOL）。

渠道分成：创业初期的收益来源

渠道分成是最常见的收益方式，也是最普通的收益方式，主要是依靠短视频播放量赚取平台广告费。

像今日头条、火山小视频、西瓜视频等新媒体平台或视频APP的补贴都是很可观的。比如今日头条，只要你的文章里允许他投放广告，那么1万的阅读量就有1元的广告费。很多新媒体平台都可以靠播放量来获取收益。

我总结了市面上大部分渠道分成平台，我们可以通过这些平台分成，来获得我们创业初期的直接收益。

1. 今日头条

今日头条作为老牌的新媒体渠道，基本没有什么变化。他的收益方式主要有以下几种：平台分成、平台广告的收益、观众打赏收益、问答奖励、千人万元计划和自营广告。

这里要注意的是，头条渠道在“新手期”阶段只有少量的头条广告收益。而想得到平台分成就一定要度过“新手期”。观众打赏功能、千人万元计划则是要得到内容“原创”标签后才可以参加的。有“原创”标签的内容可以获得“观众赞赏”功能，可以从文章读者处获得额外收益，并且可以获得更多的广告收入。

2. 百家号

百家号主要的收益方式有：广告收益、自营广告收益、用户赞赏。

在这些分成中，自营广告的开通需要文章质量比较高。广告收益和用户赞赏收益只要有作品发布就可以得到。另外，百家号现在已经开始测试分成收益了，首批会邀请一些号来进行。

3. 一点资讯

一点资讯主要的收益方式是平台分成。

一点资讯的渠道目前有一个点金计划，但主要是针对图文新媒体的。在这个渠道的视频创作者想得到收益，需要向平台小编申请才可以。

4. 网易号媒体开放平台

网易平台的主要收益在于平台分成。

网易平台想要获得平台分成的方法与其他平台有些不同，主要是通过网易平台的星级制度。账号初始为零星，涨到三星后就会有平台分成了。

5. 企鹅媒体平台：天天快报、腾讯新闻

企鹅媒体平台主要收益在于平台分成，企鹅媒体平

台收入来源于天天快报、腾讯新闻产生的有效流量补贴。想得到企鹅平台的收益需要进行申请并需要满足以下要求：

• 入驻满30天，正式运营（后台右上角状态为“企鹅号”）。

• 同时发文被推荐满20篇（文章推荐量大于0）。

• 文章（含视频文章）质量优，发文与媒体定位一致。

• 无违规记录。

当企鹅号符合以上条件，就可以申请平台流量分成了。

6.大鱼号

大鱼号是最近很火的一个视频渠道，是优酷推出的视频广告分享分成计划。大鱼号将UC浏览器、优酷视频、土豆视频3个平台后台打通。

大鱼号的收益方式是：大鱼奖金升级。每月最多2000名创作者得到创作奖金。

7.腾讯视频

腾讯视频的主要收益方式是平台分成。腾讯视频平台分成要求必须是原创视频，总播放量达到10万次，至少上传5条原创视频才可以。

不过，腾讯视频目前的收益分成仅限于平台限定的一些方向，如泛娱乐类内容，而生活类的短视频是没有平台分成的。

8.美拍

美拍渠道的主要分成模式是粉丝打赏。美拍目前主要的收益方式还是在于渠道粉丝的积累，渠道本身的分成点在于粉丝的打赏，而在美拍渠道更多的是通过渠道内积累的粉丝进行变现。

美拍可以在内容创作时插入淘宝链接，这对于电商变现的人来说作用就很大了。

9.微博

微博渠道的收益方式变化还是很大的，之前微博基本上是没有收益的，但是随着微博的改版，目前它的收益方式为：广告收益、微博打赏和微博问答。

其中，广告收益只要满足以下 3 点：

- 个人认证用户。
- 持续产出固定领域内容。
- 10 条视频微博。

满足以上 3 点就可以开通微博新媒体广告收益了。

微博打赏功能的开通如果之前是微博新媒体用户，小编会私信你进行测试开发，想自行申请，就需要先给微博新媒体发送私信进行申请了。

微博问答的开通需要在任务中心，申请加入帮帮团，之后就可开通微博问答了。不过微博是要加V才可以申请的。

除了这些渠道，其实还有很多渠道也可以上传视频，参与高分成，比如前面提到的YouTube，李子柒频道一个月在YouTube上的点击分成就高达300万元。

此外，还有微信公众号、AcFun、百度视频、凤凰新媒体、QQ公众平台等，这些平台虽然收益很少，但并不代表没有价值。

这些渠道也有很多粉丝，拥有巨大的流量，流量对于我们打造全网IP有重要的作用，我们可以在空余时间，完成对多平台的内容分发。

第 10 章 直播电商的生态江湖

电商直播兴起，
通过个人流量，
实现精准价值转化。

2020 年直播电商进一步发展，红人经济的崛起速度也日益加快，经过多年积累，各行各业都在发展超级红人。

在直播这么火的现在，作为商家到底要如何借东风呢？

谁在直播平台上“买买买”

在跟风直播前，我们首先要明确，到底是什么人在看直播？到底是谁在直播平台上下单“买买买”？

为什么我们身边亲朋好友看起来都很少抱着手机“蹲直播”，但是直播的“带货成绩单”增长强势？

到底是什么人在进行直播消费呢？只有真实地了解了他们的用户属性，我们才能更好地投入到直播的大潮中去。

近年来，以李佳琦、薇娅为代表的超级红人直播带货火了。在这个流量红利日渐消散的当下，持续保持有活力的流量转化和成交，是每个商家都想做的。

如果你常看短视频，你会发现这么一个有趣的现象，博主们通过拍摄短视频来获取粉丝增长，然后通过短视频内的商品植入来完成第一波营收变现，再通过视频左下角的导购小黄车，完成短视频带货的第二波转化变现，后续通过直播，进行电商变现。一整套路径，环环相扣。

因此，有很多博主他们的日常生活较为固定，白天拍摄视频段子，晚上进行账号直播，长此以往，循环往复。如今，大家已经不满足于完全通过广告来进行流量变现，毕竟接广告主动权在商家，而不在个人。如何通过个人的流量，完成精准的价值转化呢？

直播，再次翻红。

为了更好地学习直播带货，我们首先要明确一个问题：到底是谁在直播平台上“买买买”呢？

根据国家统计局统计，2019 年网上实物零售为 8.52 万亿元，占当年社会消费品零售总额比重 20.71%。

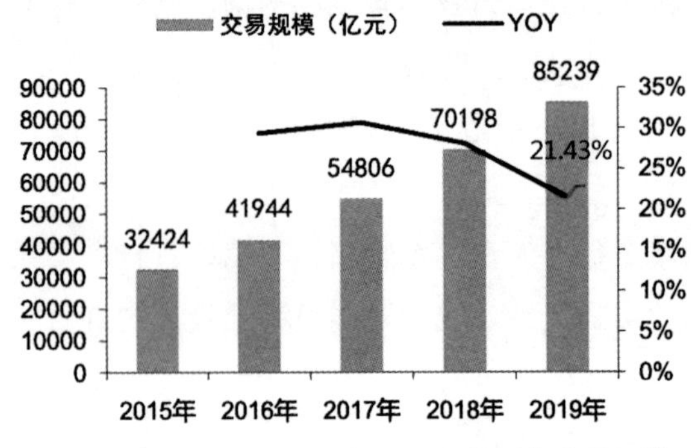

图 10-1　2015-2019 年网上实物零售交易规模

直播电商总体规模约为 3150 亿元，2019 年直播电商的渗透率预计为 3.7%，而这个数字，还在随着 5G 时代的到来持续增长。至 2022 年，根据艾媒数据预计直播电商规模将达到万亿。

根据 CNNIC（中国互联网信息中心）发布的《中国互联网络发展状况统计报告》显示，截至 2020 年 3 月，我国网络购物用户规模达 7.10 亿，电商直播用户规模达 2.65 亿，占网购用户的 37.2%，占直播用户的 47.3%。

在图片精修时代，常常出现实物和图片严重不符的情

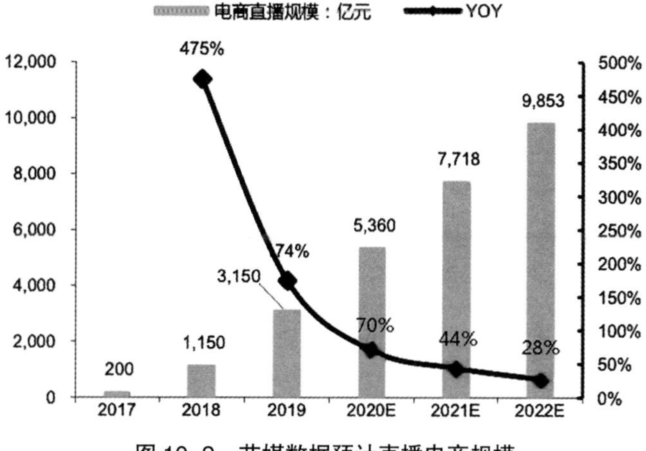

图 10–2 艾媒数据预计直播电商规模

况，大家对精美图片的信任度越来越低。而且图片属于二维平面展示，只能是商家拍什么，我们看什么，不能看到整个商品的全貌，比如衣服的面料、做工，弯腰坐下会不会压出褶子，衣物的速干程度，对真实身材的要求，等等。

这些信息是图片远远无法提供的，甚至短视频也不行。直播相比短视频还有一个好处是，多了互动性，弥补了商家拍什么，消费者只能看什么的不足，直播可以由消费者指定口令。

而商品性价比高，才是让用户真正决定下单购买的关键。就像刘强东说过的那句话，“其实老百姓最关心的还是商品的质量和价格”。

看过直播的人都知道，直播间的价格，大部分都会比直接购买便宜，因为它起到了清库存的作用，类似于在线拼团，由主播做团长，线上众人拼团团购。目前，直播是一个打价格战的场地。

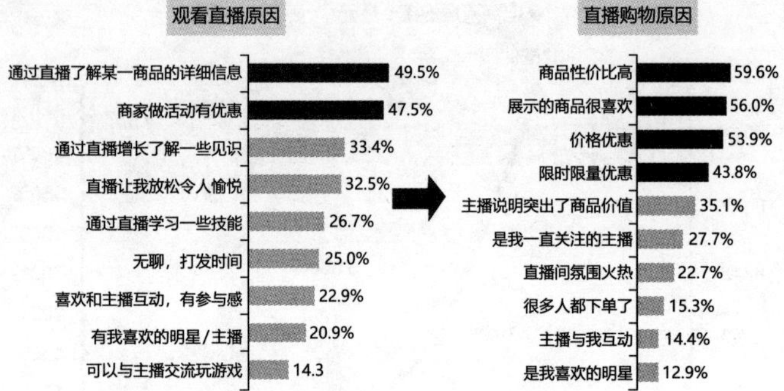

图 10–3　观看直播原因与直播购物原因分析

据QusetMobile（北京贵士信息科技有限公司）的用户画像标签统计，19~35 岁年龄段的用户是中国移动互联网购物的主力人群，占比近 70%。

从兴趣上看，年轻用户是直播类内容的消费主力军，在购物时更倾向于在网络中获取信息。

2019 年 10 月，李佳琦微博粉丝中 19~35 岁用户占 84.1%，薇娅的粉丝用户中该用户群占 81%。带货超级红人的微博粉丝可以验证，19~35 岁的年轻人构成了超级红人经济的主力人群，其中女性更容易接受KOL直播带货，消费能力也更强。

从用户的城际分布看，淘宝用户中，二线以上城市的用户占比最高，且正快速抢占下沉市场。手机淘宝用户中，在二线以上的占到 47.5%，一线+新一线用户占比达到 26.3%，远超短视频平台。

总结来说，一二线城市的年轻女孩，是直播电商消费中的主要群体。因此，你是不是明白，为什么卖女装、卖平价首饰的店主，更愿意做直播了？

董明珠是怎么做到一天卖65亿的

2020年6月1日格力品牌日，董明珠再创直播带货奇迹，当天的累计销售额高达65.4亿元，创下了家电行业的直播销售记录。

这是她第四次直播，前三次销售额分别是22.5万元、3.1亿元、7亿元，实现了真正的指数级增长！

反观一些明星、老板，带货数据持续走低，就拿罗永浩举例，哪怕是2020年6月1日那场半价iphone造势，也才9132万元！

这个数字是什么概念呢？哪怕是对格力电器自身而言，也是一个特别棒的好成绩。

2019年，格力电器营收为1981亿元，平均每天全渠道营业额为5亿~6亿元。受疫情影响，格力电器今年第一季度总营收只有207亿~229亿元。一天65亿元的直播营业额，几乎相当于此前一个月的成绩。

除了明星纷纷入场外，据电商平台统计，6月18日有超过600名CEO总裁加入直播带货。

很明显，2020年直播电商浴火重生，但似乎真正赚钱的公司并不多。传统商业出身的董明珠到底是怎么理解直播电商本质，从而完成指数级销量的呢？

我们首先要明白，如今市场上大部分直播带货，都是靠主播一个人完成引流和转化。而格力的直播带货，是董明珠带领全国的经销商来完成引流和转化。

董明珠造就直播巅峰的关键是她突破了这个玩法，她把这场直播做成了一场大型营销展示会。

回看董明珠直播成功的主体组成因素，可以明确：

65亿元天文数字级的直播成交额=企业家个人IP(品牌信任)+经销商线下引流（私域流量提供）+总部展厅赋能（产品信任）+直播间转化（产品便宜优惠）。

1.企业家个人IP

对于大部分人而言，格力就等于董明珠，董明珠就等于格力。

董明珠这点做得非常聪明，她成功地把个人打造成格力品牌的背书IP，没有哪个代言人比公司的大老板人设来得更权威，更持久，更让用户信任！

用户从董明珠的言行举止上，就能感受到格力的品牌、格力的文化，她的雷厉风行。因此，用户对董明珠产生强烈的个人IP信任，就会自然而然地迁移到格力品牌上，实现用户对品牌的信任。

董明珠，就是格力行走着的广告牌。

2.经销商线下引流，线上完成最后成交

格力线下有三万家专卖店，这次直播，用董明珠的话来说，就是带领全体线下经销商做的一次新零售的

转型。董明珠的这次直播带货，本质上是直播分销的逻辑。

经销商帮助董明珠引流，把线下已经谈好的客户引入到线上直播间完成最后的落槌成交，把账都算在直播间转化上，转化成功之后，再同以往一样，给经销商分返点钱。

这么一来，经销商就可以挣两种钱：一种钱是经销商通过自己的客户，引到线上交易，成交后，他们可以赚产品差价的钱；第二种钱是，如果成交的客户不是通过经销商引流来的，那么在直播间成交后，还会把客户按照城市划分，根据经销商所属区域，再分配给经销商，这样经销商又可以赚一波服务客户的钱。

因此，虽然直播间的价格低，利润少，但流量大，成交量高，薄利多销。

“65亿这个数字靠零售是撑不起来的，直播间下单的人里，经销商大概能占到60%~70%。”《IT时报》记者认为，低价直播打破了原有的格力经销商体系。

3.产品信任，总部产品展厅展示

首先，这次卖的是赫赫有名的产品——老品牌格力，广大消费者对品牌本身就有很强的信任度，因此省去了大量培养客户信任的时长。

其次，我们回头看，6月1日的格力品牌日直播是在格力的品牌总部产品展厅完成的。格力产品展厅里有最大的面积、最丰富的产品阵容、最先进的产品展示、最生动的产品演示空间。

文化+理念+产品，这是绝大多数的经销商专卖店展厅做不到的。格力的经销专卖店一般是200平方米，最大的也就800平方米左右，而总部展示厅营造出一种气势磅礴的感觉，让人自然而然地联想到，这次的打折力度一定很大，产品质量也一定过硬。

4.踏踏实实的价格优惠

对于价格体系已经非常透明的家电企业，一定要给消费者实实在在的让利，实实在在的优惠，消费者才会买单。

价格便宜，让消费者占到便宜，永远是促销活动成功的主旋律。这次董明珠的直播带货，优惠力度也是史无前例的，本身有需求购买的人，面对这个价格，自然会为之动心。

综上这些因素，才有了65亿元的震撼交易额，65亿元背后并非一场直播之功，而是全国各地经销商导购的共同努力，是一套完整的用户运营逻辑和IT系统的支持。

因此，各个做直播带货的老板大可不必因为这个金额对比而垂头丧气。与其说这是场带货直播，不如说这是一场营销大会，运用直播的形式完成了整体影响力的打造。

当下流行的5种“直播+电商”模式

随着时代发展，“直播+电商”的模式也在不断地发展演变，如今出现了多种直播带货模式，市面上大部分直播均符合以下的场景模型。

1.限时秒杀模式

像薇娅、李佳琦的直播就是一种限时秒杀。主播和品牌方合作，为品牌商带来销量的同时，为粉丝谋取福利，用销量倒逼品牌方提供前所未有的最高折扣，或者用其他各种各样的丰富赠品作为弥补。

这种专属秒杀效果确实很不错，尤其是在“双十一”“6・18”等大促活动期间，非常适合清库存，做营销。

2.直播间/工厂出品模式

这个操作要比上面介绍的限时秒杀模式难度高，对主播的综合实力有更高维度的要求，但是也会给用户更强的信心：主播既负责产品，又负责价格，产品一旦出了问题，只要找主播就好，少了主播、店家相互推诿的过程。

图 10-4 工厂直播

3. 店铺直播模式

店铺直播模式更多地出现在电商直播中，商家直接在自己的店铺开展直播，可以将产品全面地展示给店铺粉丝，弥补了图文展示的单一和不足。

不过，尽管如今参与直播的商家越来越多，但是目前并未有突出的商家，因为淘宝属于单独的购物生态，大家去买东西的目的很强，很少会有人长期看直播来购物，而且淘宝内的流量有限，和其他平台也不共通，因此淘宝店铺直播的难度也很大。不过在“双十一”期间，一些品牌的总裁直接进入直播间带货，反响还可以，让店铺直播有了更多可能。

图 10-5 圣象地板直播带货

4. 明星直播模式

这是直播带货方式中，最流行的直播方式，属于一种较为新型的方式。明星直接走入直播间成为主播，利用明星自带流量，既为品牌商带来销量，又以明星入镜的形式，为品牌商当了一次免费的产品代言人。

但是，这种直播方式，销量其实并不乐观。因为来看明星的观众们，大部分真正感兴趣的内容是明星个人而非他所售卖的产品。

因此，虽然明星直播带货的人有很多，但是真正能带好货、完成高额成交的人，往往并不多。

5.村播直播模式

村播直播模式主要是针对农特产品展开的直播带货方式，主播基本上为普通农民或乡镇政府的领导代表，目的就是销售农特产品。直接通过镜头展示一线的工作状态，看到作物的原始生长情况，给大众一个食品安全

图 10-6　农产品直播带货

的可靠保障，追溯原产地。在农民淳朴笑脸和低廉价格的相互作用下，完成城区观众的下单购买。这个模式在下沉市场尤其火爆。

“短视频种草+直播电商”打造全链路视频营销

根据微播易2020年的报告显示，疯狂的直播间内，总能看到被“秒货”的产品，它们大多有3个特征：全网最低价、大牌抄底价、限时秒杀。

这些产品大多耳熟能详，“刷脸”频繁，只有在直播的渠道中，比对明显的价格优势，消费者才会觉得占便宜并且为此买账。如今各大品牌的统一打法是：通过短视频完成商品“种草”，通过直播完成实际购买转化。

确实，“短视频种草”是消费者形成产品认知的关键一环，“短视频种草”可以理解为导购模式，流量决定了短视频能产生多高的经济效益。通过社交分享、多样化的内容，实现用户的情感认同，促进用户从“种草”向“拔草”进军。

“短视频种草”能够有效激发用户需求，并提高转化效率，在激发“人性”“共情心”的层面，比直播做得更深入。前期沉淀越多的品牌，用户决策的速度就越快、转化效率就越高。而直播带货，更偏向于拼购模式，“货+低价”是这套打法的经典核心。比起短视频长线的“种草式”教育，直播显然更简单直接，追求快速销售和转化，对于直播而言，售卖效果远远大过于品牌影响力。

因此，直播会产生很多“一锤子买卖”，导致后续高比重的退换货率。

到底怎样平衡“短视频种草”和直播之间的关系呢？通过对广告甲方的走访，在海量项目经验的基础上，我们得出了短视频与直播的“73法则”，即7分“短视频种草”、3分直播带货。

简单来讲就是，如果有100万元的预算，70万元投放“短视频种草”，让各个博主用自身影响力，打造品牌的口碑和用户认知度，30万元投放直播博主，让他们完成对上述人群的收割。

这样既能满足销售额，又不损害品牌的持续传播度，而品牌在对自己的产品进行售卖或者推广时，也务必要梳理自身卖点。通过对短视频平台的研究发现，具备以下4个特征，更容易让种草的观众们掏钱买单。

• 多。想要做直播的产品，它的品类要丰富，并且有足够大的库存。

• 快。产品要属于快消品领域，能让用户更快地下单，且物流和配送一定要提前准备好，以此来保障整体流程的通畅。

• 好。产品的质量要好，这里的质量好，并不是指产品要能用5年、10年还不出现破损，而是指产品要足够新颖，本身颜值高、效果好、成分好、贴合主题。

• 省。单价 200 元以下，更容易激发用户的消费兴致，其中 50 元~70 元，更容易激发大众的购买欲。

做直播之前，一定要先对自己的产品有整体的了解，了解自己的产品到底适不适合做直播。

“新人小白”
6 步玩转电商直播

直播风口正热的当下，很多人都跃跃欲试，想要进直播行业分得一杯羹。实际上，带货真的不简单！我们经常听到很多主播的各种带货传奇，实际上他们背后都有一个非常专业的运营团队。

如果你是“小白”想要从事直播带货的话，我个人建议还是要先做好账号定位，精心策划好每一个视频的内容，积累一批精准的粉丝，不然就算开播了也没有人观看，那是没有任何意义的。

“新人小白”做直播，如果遵循以下 6 个步骤，会帮助你更好地避坑，更快地上手直播这个行业。

1. 提前规划好直播内容

老话说：“凡事预则立，不预则废。”很多人做直播之前，毫无规划，想起来说什么就说什么，整个直播过程非常凌乱，观众对你讲的内容完全不感兴趣。也有的人在直播的时候，因为种种突发情况，比如紧张、冷场等，导致逻辑混乱，不知所云。

因此，我们一定要提前准备好销售的产品和价格计划，并且做好产品顺序摆放，避免直播过程中因为寻找要卖的产品而影响人气。

2.直播前发一个常规作品

这是一个很特别的小技巧，尤其对新手而言，因为除了卖货，直播是一个非常好的增加自己短视频作品曝光率的机会。

而且，我们大部分人都是没有粉丝的“素人”，“素人”想要吸引用户来观看你的直播，本身就是一件难度很大的事情，因此我们可以先利用短视频为自己完成流量的吸引。然后在直播间，完成对视频来访用户们的成交转化。

3.直播开场记得汇聚人气

建议用3分钟~5分钟做好直播的开场。其实所谓的开场，无非就是两件事：一是获得粉丝关注，请粉丝“点心”支持；二是简单预告今天直播的内容和福利。

让粉丝给自己的直播点心，可以帮助自己的直播在粉丝的“关注页”获得一个较好的展现位置，直播期间如果人气较低，也可以通过鼓励粉丝“点心”来提高。

简单的福利预告的目的是让粉丝能多在直播间停留一会儿，或者一会儿再回来看看。同时，还可以根据公屏了解到粉丝的需求，做出适时的调整。

4.利用秒杀福利开场+推作品上热门

正式开播后，我们可以用2分钟~3分钟时间，介绍秒杀产品。切记不要马上报价，一定要强调限时限量，以此突出购买的紧迫感，让大家更积极地下单购买。

在介绍产品时要引起观众的兴趣，设置一个高质量产品的期望，使最后报价时产生物超所值的感觉，让大家真正感到这是福利款。

接着用 2 分钟~5 分钟时间，以给出报价为条件鼓励粉丝给自己直播前发布的作品点赞到一定数量（参考公式：作品点赞数=直播人气×2 倍~5 倍，一般取整，例如 100 个、1000 个赞等）。部分熟练掌握营销的主播可以给若干个点赞/评论粉丝抽奖，不熟悉的主播，不要急着使用，短时间内不会影响直播人气。

5 分钟~10 分钟后开始报价卖货第一件产品。报价后，立刻要说明下单方式（而且要多次间隔地讲解和说明），然后开始和公屏互动，这一点非常重要。同时要学会通过随时报库存和剩余时间的手段来逼单，期间还可以适当重复产品介绍、产品质量、网络比价、售后服务等。最后，限时限量要说到做到。

5. 按顺序继续销售计划好的产品

产品介绍可以提前写好文案，以此引起观众们的兴趣。如果想要高效成交，长久发展，那么一定别忘了多介绍售后服务和老客户口碑，以此增强直播间的可靠度，解除观众们的后顾之忧。

在正式报价的环节，可以推出全网性价比，说明自己产品性价比优势，给观众们一个在直播间下单，而不是在电商平台直接购买的理由。

说明下单方式，在公屏互动解答各种产品和销售的问题，实时播报成交单数和库存情况，这样可以完成一个对犹豫观望客户的逼单操作，从而增加成交单数。

6.直播结束

朋友们一定要记住，好的主播一定善于结束。因为这一场直播的结束，预告着下一场直播的开始。

谢幕的具体内容包括：

• 感谢和重复售后服务。要让粉丝感觉你对售后非常非常的看重，要有“礼多人不怪”的态度，要相信口碑的力量。

• 预告下次直播时间和大概内容，提醒没点关注的粉丝点关注以防收不到通知，鼓励收到货觉得好的粉丝分享自己的账号。

• 再次请粉丝给自己直播前发的作品点赞+评论，完成粉丝的沉淀积累，为后续直播做准备。

在直播选品上，还要多唠叨几句。

直播的选品是整个直播的地基，因为商品如果选择随意，会让整体的销售产出很“随意”，如果是自己的直播，会很损伤IP在用户心中的信任度。

直播选品的注意点为：

• 价格/赠品优势。

• 品牌优势。

• 高热度、高性价比。

• 通勤款，大众适用性高。

• 功能性强，方便。

• 特殊状况下的需求性商品。

你的选品至少要同时保证上述 6 项中的 3 项，所占项数越多越好，如果 6 项全占，那么这款产品一定会得到很好的售卖成绩，并且它的售卖不限于直播成交。短视频带货，也能带得不错。

我们要明确一点：直播的最终目的是带货，因此首先关心的一定是销量和利润等问题。当然，如果初始目的只是公关营销效果，那就回头看下董明珠的 65 亿元成交，以此获得启发。

电商直播看似刚刚兴起，但是内部逻辑和链条其实远远比短视频运作难度要高，如果你想要进行一场直播的话，前面提到的这些，应该是一些基本的必备要素。当然了，一场成功的直播，有了好的地基才能拔高，而想要拔高，好的主播、强势的供应链必不可少。

简单来说，主播端目前已经符合“二八法则”，20% 的头部主播提供 80% 甚至更多的直播销量，而供应链的

图 10–7　直播带货

能力则为直播背后的终极比拼提供支撑。

商品的价格、质量、物流、售后等一系列问题都需要解决，这些产生的成本主播不承担，厂家也不愿赔本赚吆喝。薄利多销或许可以，但一定不会持久，这都是在入局直播前，要充分考虑到的问题。

总的来说，“短视频种草+直播电商”模式，是最适合大众进行售卖营销的链路，没有之一。

后记

祝你早日拥有自己的百万粉丝

这本书删删改改了很多次，有些章节也在一次次删减中做了很多调整，最开始书的总字数达到18万字之多，最后定稿不到11万字。大幅度地删减是因为只想给大家提供干货，只讲在实际操练中大家上手就能用的内容，不要那些空洞的概念，不要各种专业术语，做到接地气、够实际、易上手，人人可读，人人爱读，人人可复制。

这是我第一次写工具书，开始计划着是和我的好朋友吕日阳和汪海渤合出，他们有非常扎实的实战经验，是视频行业的老牌当家人。由于他们的时间比较紧张，因此让我来完成整个的记述过程。他们给我提供了很多非常实用的建议，他们的指导，为这本书的出版增色不少，再次感谢他们的辛劳。

在写书的过程，我也拜访了其他朋友，他们有做达人博主的，有做MCN运营负责人的，有做公司老板的，有负责新媒体公司运营的，也有品牌方专门花钱下单给达人们分活儿的。他们的职业形形色色，充盈了短视频直播的每一环，他们集体构建了新媒体这个行业。

问询他们的目的在于，我想通过不同的角色，对短视频这个行业进行不同视角的全面解读。术业有专攻，每个人都讲出最实际的干货，说出自己的心得总结，把大家数年实战中积累的经验汇总在一起，既是向大众传经送宝，也是我们自己想法的提高和梳理。

写书的过程我有很多启示，在整理文稿和精炼内容时我也进行了反思。其实我每次与不同人进行沟通时，每当讲完这些感受和方法，很多人都会说一些他们自己的心得技巧，听起来很靠谱，而且操作难度并不算高，可是每每落到执行中，大家往往不知道是该向左走还是向右走，该用什么样的类型和方式来呈现，不知道面向的用户究竟是哪些，因为线上和线下是两个完全不同的世界。

对于瞬息万变的互联网来讲，走弯路和走错路一样可怕。机会稍纵即逝，一次试错的时间，错过的可能就是最好的黄金时期。

所以，在做新媒体的过程中，有些路就是要弯着走最近的，但一定要是最直击目标的。一条短视频能成功，一定有其过人之处，所以在所有人绞尽脑汁准备出爆款之前，要先踏踏实实把每一个细节处理好。任何一款爆款视频的成功都是创作团队的呕心沥血，任何粉丝的持续增长，都是对用户的精准定位。

努力+多学习，才是在短视频道路上快速成长的不二法门。

当你逐渐拥有自己的团队，从“新人小白”到一代宗师，中途成长的点滴，逐渐积累的能量，一定远远比你想的丰富。在互联网高度发达的今天，人生升级的时间真的用不到 5 年，现在开始行动，5 年后的你，会感激今天这个努力学习的自己，5 年后拥有的生活，无论是从品质上还是精神上，都会有很大的提高和转变。

短视频创作者不仅要熟知每个平台的操作、调性，还要能够预测到平台的动作和走向。知道平台方每一次更新是为了什么，知道每个平台的目标用户喜欢什么。这是一名专业的视频创作者所应该拥有的行业敏感度。

再次感谢本书外援指导顾问汪海渤 、吕日阳的鼎力帮助，这是我第一本工具书，希望通过足够的用心，尽力把内容做到尽善尽美。

视频创作者不光要懂得互联网运营，更要懂得商业模式的运营。因为互联网的基础在于流量，而流量的本质在于广告，广告的本质则是交易，是买卖。买卖是什么，东买西卖是为买卖，东买西卖亦是商业。

祝你早日拥有自己的百万粉丝！